福祉職員
研修ハンドブック

職場の組織力・職員の実践力の向上を目指して

社会福祉法人京都府社会福祉協議会 監修

津田耕一 著

ミネルヴァ書房

はじめに

　新任職員に社会福祉の仕事に就こうと思った動機について質問すると，以下の答えが返ってきた。

- やりがいがあるから
- 人の役に立ちたいから
- 利用者から得るものがあると思うから
- かつて自分自身や家族が世話になったから
- 福祉現場で働いている人の姿を見て魅力を感じたから
- 人とかかわることができるから
- 自分に適していると思うから
- 自分の成長につながるから
- 専門性を生かせると思うから

⇒ 魅　力
　　期　待

　社会福祉の仕事に就こうと思った動機は，一言で表現するなら社会福祉の仕事に魅力を感じているからであり，社会福祉の仕事に期待を寄せているからである。皆さんも同じような想いを抱いていたのではないだろうか。一人ひとりの職員が，このような想いをいつまでも抱きながら働き続けるにはどうすればよいのだろうか。本書は，この願いを少しでも叶えるために執筆されている。
　福祉職員は職場の財産であり，なおかつ「財」を産むという意味で「人財」と言われている。[1] なぜなら，対人援助である福祉サービスの質は，職員の質によって大きく左右されるからである。職員の働きによって福祉サービスの質は良くも悪くもなる。すばらしい職員が多くいる職場では，職場全体が活気づき，一人ひとりの意欲も向上する。そして，より質の高い福祉サービスの提供に結

びつき，職場の繁栄につながっていくのである。まさに一人ひとりの職員は大切な存在なのである。そこで，本書ではあえて人材ではなく，人財と表記することとする。各福祉現場では，採用した職員の資質を向上させるための育成，すなわち人財育成が重要課題となっている。職員は，社会人としてのマナーを身に付け，組織である職場の一員として職場の基本理念の実現を意識した業務を行っていかなければならない。さらに，質の高い福祉サービス提供のための専門性を身につけなければならない。いわば，これからの福祉職員には社会人，組織人，職業人としての力量が要求されるのである。

　その職員を育成するのは，職場の使命でもある。しかし各福祉現場は，より質の高い福祉サービスを提供するために，どう組織を活性化させ，職員を育成していくのかに苦慮している。職場の管理者やリーダーは，職場の理念をどうすれば職員に周知できるのかわからない，職員をどう育成すればよいかわからない，職員がすぐ辞めてしまう，職員が的確に仕事をしてくれない，どうすれば職員が前向きに仕事に取り組んでくれるのだろうか，現場職員との関係がうまくとれない，といった悩みを抱えている。

　一方現場の職員は，仕事の進め方がわからない，何を目指して仕事をすればよいかがわからない，職場の人間関係で悩んでいる，困ったときに誰に相談すればよいかわからない，自分が職場のなかでどのような役割を担っていけばよいのかわからない，職場内のコミュニケーションが円滑に行われていない，みんなバラバラに動いており全体としてのまとまりがない，といった悩みを抱えている。

　これまで筆者は，京都府福祉人材・研修センター（京都府社会福祉協議会）をはじめ各社会福祉団体にて，利用者支援に関する研修や福祉現場における組織の意味や階層別（新任，中堅，リーダー）に職員の果たす役割など，職員育成に関する研修を数多く担ってきた。これらの研修は，単なる原理・原則的な講義ではなく，演習を通してできる限り現場職員の生の声を拾い上げ，現場に即したプログラムとなっている。そこで，これまでの筆者の研修成果をまとめあげ，利用者支援の基本と福祉現場における組織の意味に関する書物を刊行すること

はじめに

とした。

　本書のねらいは，より質の高い福祉サービスの提供に向け，福祉職員が組織の意味を理解し，組織の一員としての役割を担い，意欲とやりがいを感じて仕事に従事できるように支援することである。本書は，単なる原理・原則を羅列するのではなく，現場の実情を踏まえ事例やエピソードを多く盛り込んだ具体的な記述となっている。また，図表を多く用い視覚的に理解できるようになっている。さらに，各節に「事前チェック」と「ワーク」を設け，読者が自己学習できるよう工夫を凝らしている。

　日々の業務のハンドブックとして，また自己学習や職員研修のテキストとして活用していただければ幸いである。

2010年12月

津田耕一

注
1）　田島誠一「社会福祉法人の経営改革——理念・使命の明確化，経営の効率性と人材の育成・確保」『社会福祉研究』第76号，1999年，41〜49頁。

福祉職員研修ハンドブック
――職場の組織力・職員の実践力の向上を目指して――

目　次

はじめに

第1章　利用者支援と福祉専門職 ………………………………… 1
1　社会福祉の現場で働くということ ………………………… 2
社会福祉の仕事とは　2　　福祉現場で働く職員　5
2　専門性を構成する要素 ……………………………………… 7
利用者の人権意識　7　　利用者支援の価値と専門的知識・技能　9　　生身の人間同士の触れ合い　11
3　利用者主体の支援 …………………………………………… 12
「処遇」から「支援」へ　12　　支援の意味と具体的内容　14　　利用者の意思の尊重　16　　利用者のニーズ　18　　利用者と職員との双方向の関係　21
4　自立生活支援 ………………………………………………… 22
5　自己理解 ……………………………………………………… 23

第2章　利用者の意思を引き出す支援 …………………………… 29
1　コミュニケーションとは …………………………………… 30
コミュニケーションの重要性　30　　コミュニケーションの意味　30　　コミュニケーションの難しさ　32
2　言語コミュニケーションと非言語コミュニケーション …… 34
3　利用者とのコミュニケーション …………………………… 38
利用者の想いを受け止め理解すること　38　　非言語からの理解　40　　意識することの大切さ　42　　エンパワメントの考えとストレングスの視点　42　　利用者理解への努力　43

第3章　福祉現場と組織 …………………………………………… 47
1　福祉現場における組織の役割 ……………………………… 48
組織の重要性　48　　組織の意味　50
2　職場の基本理念 ……………………………………………… 52

　　　　　　組織の根幹をなす職場の基本理念　52　基本理念の実践的理解　55
　　　　　　基本理念の浸透　55
　　3　仕事の進め方 …………………………………………………… 59
　　　　　　仕事の目的を理解すること　59　仕事の進め方　61

第4章　階層別にみる組織上の役割 …………………………… 65

　　1　階層別に求められる役割や能力 ……………………………… 66
　　2　新任職員——期待の星 ………………………………………… 66
　　　　　　社会人としてのマナー　66　組織の一員　68　職業人としての自覚　69
　　　　　　新鮮な感覚を持つ新任職員　70
　　3　中堅職員——部署の中核 ……………………………………… 72
　　　　　　部署を活気づけ機動力となる中堅職員　72　中堅職員の抱える問題　74
　　4　主任級職員——組織の要 ……………………………………… 76
　　5　課長級職員——組織の統括者 ………………………………… 78
　　6　施設長・所長——組織の最高責任者 ………………………… 81

第5章　職場のチームワーク …………………………………… 85

　　1　チームワーク …………………………………………………… 86
　　　　　　チームとは何か　86　チームワークがなぜ必要なのか　86　チームワークの良い職場　88　チームワークの良くない職場　89
　　2　チームワークの促進 …………………………………………… 93
　　　　　　エラー発生のメカニズム　93　チームの安定と変革　95　チーム意識の醸成　95　チーム・マネジメント　96
　　3　職場の人間関係 ………………………………………………… 98
　　　　　　職員間の葛藤　98　相手との協働　100　相手に対するポジティブな側面への着目　100　相手への積極的な働きかけ　102　自ら変わること　103
　　4　職場のリーダーシップ——重要性と影響力 ………………… 105

第6章　職場のコミュニケーション …… 109

1. 職場のコミュニケーションをよりよくするために …… 110

   職場におけるコミュニケーションの重要性　110　一方向ではなく双方向のコミュニケーション　112　話し手は内容だけでなく意図を明確に　115　信頼関係のうえに成り立つコミュニケーション　117

2. 円滑なコミュニケーション …… 119

3. コミュニケーションのポイント …… 122

   話しやすい人・話しにくい人　122　コミュニケーションのポイント　124

4. 報告・連絡・相談（ホウレンソウ） …… 126

   報告・連絡・相談（ホウレンソウ）の重要性と意味　126　報告・連絡・相談（ホウレンソウ）の進め方　127

5. 職場の会議 …… 131

   意味ある会議に向けての取り組み　131　参加者の留意点　133　司会進行役の留意点　133

第7章　職場の問題解決 …… 137

1. 問題意識の重要性 …… 138

   問題意識を持つこと　138　基本理念への立ち返り　141

2. 職場の問題と改善に向けて …… 143

   職場の問題　143　職場の問題解決事例　144　改善に向けての取り組み　159

第8章　自己開発 …… 165

1. 理想とする職員像 …… 166

   初志貫徹　166　なりたい職員像　167　なりたい職員になるためには　168

2. 仕事上の悩みとその解決法 …… 170

   新任職員の悩み　171　解決方法　172　仕事上の悩みとその解決法の事

目　次

　　　　例　174
　　3　ストレスマネジメント …………………………………………… 178
　　　　ストレスとバーンアウト　178　ストレスの対処法　178
　　4　自己研鑽 ……………………………………………………………… 182
　　　　専門職としての自覚　182　具体的取り組みに向けて　183　新任職員として明日からできること──私たちの誓い　184　まとめ　188

おわりに ……………………………………………………………………… 193
索　引 ………………………………………………………………………… 195

第1章

利用者支援と福祉専門職

1 社会福祉の現場で働くということ

事前チェック　「あなたの仕事は？」と尋ねられたら，どう回答するだろうか。

社会福祉の仕事とは

　社会福祉の仕事は，「利用者の自立生活を支援する」ことである。利用者一人ひとりについてふさわしい生活を模索し，その人らしい生活を送ることができるよう支援するのが社会福祉の仕事だといえよう。しかも，ある特定の側面からだけでなく，利用者の生活全体を理解していくところに特徴がある（図1-1）。社会福祉の現場（以下，福祉現場）では，介護，相談援助，日常生活援助，作業援助・訓練，生活技能訓練，医療的ケア，療育，保育，経済給付，他機関や専門職との連絡調整，ネットワークづくりなどさまざまな支援が行われている（図1-2）。

　福祉現場で働く職種も福祉職だけでなく，医療職，栄養管理職，事務職，心理職など多様な職種によって成り立っており，それぞれに携わる専門職が連携しながら一人の利用者の生活を支えているのである（図1-3）。利用者の生活支援は，狭い範囲の福祉職だけでは担いきれないことが理解できるだろう。

　多様な社会福祉の仕事は誰にでもできるのだろうか。社会福祉の仕事は，その業務を単にルーティンワークとして遂行すればよい，というものではない。衣服の更衣といった介護業務を例に考えてみると，単に服を着替えさせるだけか，利用者が気持ちよく安心して快適に着替えができる工夫をするのか，利用者のその時々の心身の状況を確認しながら介護を行うのか，今行っている介護が利用者の生活にどのように役立っているのかを意識しながら行うのか，同じ衣服の更衣という介護業務でもまったく意味が異なってくる（図1-4）。単に衣服の着脱だけを行うのであれば，衣服着脱の専門知識や技術が要求されても利用者支援の専門性は要求されないであろう。

　日々利用者と接することの多い社会福祉施設（以下，施設）では，一見素人

図1-1 社会福祉の仕事の特徴
　　　その1

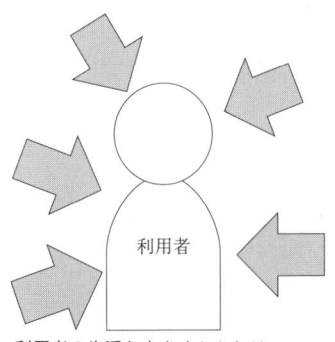

利用者の生活と大きくかかわり，利用者の生活を総合的に理解していく
出典：筆者作成。

図1-2 社会福祉の仕事の特徴
　　　その2

広範囲にわたった支援が求められる
出典：筆者作成。

図1-3 社会福祉の仕事の特徴その3

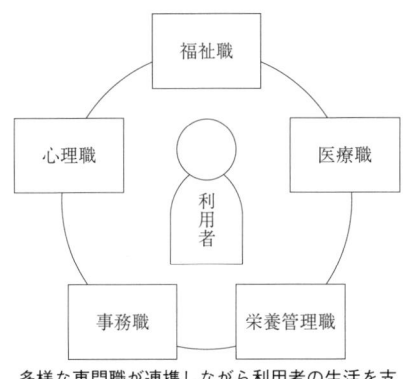

多様な専門職が連携しながら利用者の生活を支えている
出典：筆者作成。

図1-4 日々の業務をどのようにとらえるかで仕事の中身が大きく変わってくる

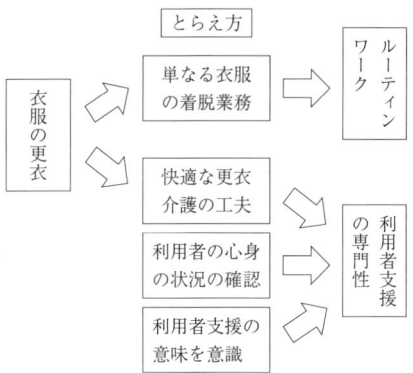

出典：筆者作成。

でもできると思われがちな介護，日常生活援助，作業援助・訓練，保育，療育こそが専門性発揮の場ともいえる。面接室といった改まった場での面接では，利用者の緊張が高まって本音が出にくいこともある。自然な形でのかかわりや会話を通して利用者のその時々の健康状態を把握できたり，心理的状態を理解できたり，利用者のさまざまな想いや要望を理解できたりするだろう。利用者

図1-5 求められる社会福祉の専門性

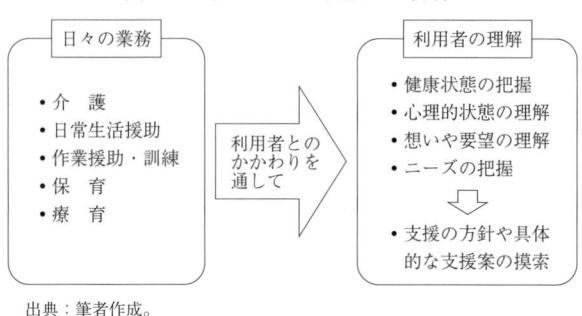

出典：筆者作成。

理解が深まることで，利用者のニーズ把握につながったり支援計画の案を練ることもできたりするのである（図1-5）。介護業務であれば，介護そのものだけが目的ではなく，介護を通して利用者の状況把握やニーズの理解，支援の方針や具体案の作成を意識すべきである。このように，社会福祉の仕事は，素人でもできる時代からより質の高い福祉サービスを提供するために，専門的な観点が求められるようになったのである。介護員は介護職としての，相談員は相談職としての，看護師は看護職としての，事務員は事務職としてのプロ意識をもたなければならない。

―― 日常性のなかで専門性を発揮した事例（その1）――

　大門さんは毎朝の排便に時間がかかるため，毎日トイレ介助の担当者を決め，大門さんと30分ほど2人でトイレのなかで過ごすことになっている。この時間を活用して，その日担当となった職員は，一般的な世間話だけでなく昨日の出来事や大門さんの想いや体調などについてのヒアリングを行っている。この会話を通して施設内でのいろいろな出来事に関する情報を収集したり，大門さんの心身状況の把握や想いや要望についての理解に努めたりしている。そして得られた情報を職員間で共有している。

　単に排便の介助だけについやすのではなく，なにげない会話を通して心身の状況把握に努めたり，想いを引き出そうとすることで利用者理解やニーズの把握につながり，支援の方向性を模索することができるのである。

日常性のなかで専門性を発揮した事例（その2）

職員の西村さんは，毎日出勤すると利用者に声を掛けたり，握手をしたりするなどの簡単なコミュニケーションを通して利用者のその日の表情や身体的なぬくもりなどを感じ取り，心身の状況把握のきっかけにしている。単なる声掛けや握手に終わるのか，これを心身の状況把握を意図するコミュニケーションとして活用するのか，同じ行為であってもその中身がまったく異なってくるのである。

福祉現場で働く職員

一方，職員は，各職種の業務に専念するだけでは仕事として成り立っているとは言い難い。職員は，各職種の専門職であると同時に"福祉現場で働く職員である"という自覚も併せて持つべきである。福祉現場で働く看護職であり，事務職であり，栄養管理職であり，心理職であり，職場のなかでそれぞれの役割を果たしながら利用者の生活支援を担っているのである。

ある施設でのケアカンファレンスにおいて，食事制限の必要な利用者が話題に上ったとしよう。その利用者は食事が楽しみなのである。栄養士は栄養管理の面から，看護師は医療の観点から意見を述べるであろう。しかし，単に栄養管理や医療の側面から食事制限や生活制限を強調するだけでなく，少しでも利用者の食べたい，という思いを尊重しつつ各専門職の見解を示すことが重要なのである。

どのようなメニュー（献立，カロリーなど）を組み立てていけばよいのか，支援員や介護員が配慮すべき点はどのようなことか，利用者はどのような生活を送っていけばよいのかをそれぞれの専門職の立場から意見交換を行ったうえで，どのような支援を展開していくのかを検討する必要がある。利用者のより質の高い生活を模索していくために，各専門職がそれぞれの立場で意見を交わしたり，各専門職がどのような役割を担っていくことができるのかを検討したりしていくところに福祉現場で働く専門職としての存在意義がある。

―― ある新任職員の想い ――

　ある新任職員は，社会福祉の仕事に就こうと思った動機を次のように述べている。管理栄養士という資格を生かして福祉現場で働こうとする職業意識の表れた文章である。

　「管理栄養士の資格を生かし，人の役に立つ仕事をしたいと考えたからです。施設内という限られた中でも，利用者の方が元気で楽しく過ごせるようにお手伝いがしたいと思います。食事は栄養の摂取だけが目的ではないと考えます。おいしく食べることで，人は元気にも幸せにもなれるし，おいしさは味だけでなく彩りや見た目，調理する者の気持ちも重要です。『ごちそうさま』と一人でも多くの利用者の笑顔に出会えるように努力したいです」。

　看護師や栄養士に限らず，事務職員など他の職種においても同様である。事務職員は経理や労務管理が主な業務である。その点に関する専門意識を深めることは重要である。しかし，施設利用者が介護職員や相談員には言いにくいことを事務職員に漏らすこともある。あるいは，少し離れた立場にある事務職員が，事務所に用事でやってきた利用者のその時々の様子を垣間見ることで心身の異変に気づくこともある。さらには，利用者の支援の方針を理解していることで利用者や家族への対応も適切なものとなってくる。福祉現場で働く職員と

図1-6　各職種の専門職である前に福祉現場で働く職員

施設・事業所の一員						
介護職員	相談員	支援員	看護師	事務職員	栄養士	その他
福祉現場で働く職員						
社会人						

出典：筆者作成。

しての自覚を有しているのと単なる事務業務を遂行している職員とではまったく異なった働きをすることになる。

このように，それぞれの職種の専門職が連携することで，より広い視野から利用者の生活を支援することができるのである。このようにみてくると，福祉現場で働く職員としての自覚をもつことがいかに重要であるかが理解できよう（図1-6）。

> **ワーク**
> あなたの職種は，利用者支援において，どのような役割を担っているのだろうか。

2　専門性を構成する要素

事前チェック　利用者支援の専門性とは，どのようなものだろうか。

利用者の人権意識

利用者支援には，人権尊重，個の尊重，利用者本位，利用者の利益の最優先，権利擁護やエンパワメントといった考えが根底にある。いわば，「利用者は一人の人として大切な存在だ」ということである。職員であれ，利用者であれ，同じ人間であり，人権を有しているのである。しかも，利用者一人ひとりの生活というものがある。利用者を要介護状態にある高齢者，心身機能に障害のある障害者ととらえるのではなく，「われわれと同じ一人の人間である」というところからスタートしなければ本当の支援には至らない。利用者は，要介護状態にある高齢者である前に一人の人間であり，心身機能に障害のある障害者である前に一人の人間なのである。

言い換えるなら，人権意識をしっかり持つということである。気づかないところで利用者の人権を侵害していた，ということにならないように十分注意すべきである。福祉現場で働く職員であっても，日々の業務に追われ余裕がなくなると，利用者に対しきつい口調や命令口調で接したり，ときには体罰に至っ

たりすることもある。このようなことが容認されている職場であれば，やがて体罰などの人権侵害が常態化してしまう。

このような職場環境では，きつい口調や命令口調，体罰といった行為が利用者に対する指導の一環として正当化され，疑問を感じなくなってしまう。冷静に考えてみると，職員の業務を優先するためのきつい口調や命令口調，体罰といった行為は，不適切な行為であることは容易に理解できる。しかし，現場に入って業務に追われると冷静さを見失いがちとなる。したがって，単に「人権侵害に当たる行為を行ってはならない」と頭のなかだけで意識するだけでは不十分である。まず，「利用者はわれわれと同じ一人の人間であり大切な存在である」という人権意識をしっかりと持つことが大切である。そして，具体的にどのような行為が人権侵害に当たるのか，職場や部署で確認し合うとともに利用者へのかかわり方が人権侵害に該当していないかを振り返る必要がある。

---- ある新任職員の虐待についての事例 ----

ある障害者支援施設でのことである。新任職員の桜井さんは，一日も早く仕事を覚えようと努力していた。しかし，思うように仕事がはかどらず，先輩職員に迷惑をかける毎日であった。先輩職員が手際よく業務を遂行している姿を見て羨ましく思うと同時に不安を感じるようにもなった。先輩職員から「利用者になめられないように，職員として時には厳しく接することも指導の一環だ」とアドバイスを受けた。確かに，桜井さんが利用者に指示をしてもその通りに動かないのに，先輩職員が指示すると，指示通りに動いていた。

桜井さんは，利用者が思い通り動いてくれないので周囲から「仕事が遅い」と思われるのではないかという焦りから，つい，利用者にきつい口調で指示したり，ときには感情的に怒鳴ったりすることもあった。それでも思い通りならないときは，叩いてしまうこともあった。厳しく接することもしつけや指導の一環だと思うようになった。このようなかかわりをしていると，利用者も指示通り動いてくれるようになった。

ところがある日，桜井さんの勤務する施設で虐待が日常的に行われているとの訴えがあり，行政の監査が入った。聞き取り調査のなかで桜井さんのかかわりは虐待だといわれた。「先輩に教えてもらった通り仕事を行っていたのに，どうして虐待なの？」といった疑問がよぎり，頭の中は真っ白になってしまった。

Check Point! 事例のような事態に陥らないために以下の3点を意識しよう。
▷ しっかりとした人権意識を持とう！
▷ どのような行為が虐待に当たるか考えてみよう！
▷ 自らの行為が人権侵害につながっていないか日常的に振り返ろう！

利用者支援の価値と専門的知識・技能

　一方で，重度の障害を有する利用者や複雑かつ深刻な問題を抱え思い通り支援が展開しない利用者とかかわっていると，支援の方向性や仕事の意義を見失ってしまうこともある。このようなことに陥ったとき，「変化の可能性」ということばを覚えておいてほしい。「人間というのは，目に見えないかもしれないが日々，変化，成長，向上する可能性を秘めた存在である，そのことを信じて疑わない」という意味である。

　われわれは，目に見える成長や変化，向上を求めようとするが，高齢者や成人の利用者とかかわっていると必ずしも成長や変化，向上が目に見えるわけではない。しかし，昨日とは違う今日の利用者が必ず存在するのである。利用者には目に見えない変化，成長，向上があるからである。この「変化の可能性」を確信することで職員の気の持ちようが大きくプラスに働くのではないだろうか。ぜひとも，利用者の可能性を確信していただきたい。

　人権意識をしっかり持つことや利用者の変化の可能性を確信することは，ソーシャルワークの価値と呼ばれているもので，利用者支援の最も根底にある大切な考えであり，福祉職員の拠り所となるものである。職員は，この価値に基づいて行動していくことになる。職員の行動上の規範をなすものが職業倫理と呼ばれており，「ソーシャルワーカーの倫理綱領」など明文化されたものが数種類ある。

　つまり，ソーシャルワークの価値や職業倫理を土台とした業務上必要な専門的知識や専門的技能が求められているのである（表1-1）。これが専門性である。

　しっかりとした専門性を兼ね備えて，利用者の意向を尊重した支援を実践していく必要がある。利用者支援は，日々のルーティンワークに終始するのでは

表1-1 利用者支援に必要な専門性

知　識	技　能
1．社会福祉の理論に関する知識（社会福祉の意味や社会福祉の固有性に関する知識など）	1．援助関係の構築・促進のためのスキル（コミュニケーションや面接スキルなど）
2．社会福祉援助に関する知識（社会福祉援助の意味，モデルやアプローチ，支援の展開過程に関する知識など）	2．利用者の状況に対する理解と援助のスキル（対象を理解するスキル，社会生活上の困難を認識するスキル，個人やグループの主体性支援のスキルなど）
3．利用者に関する知識（認知症や自閉症などの障害，薬，発達心理学など利用者理解を深める知識など）	3．生活支援としての環境へ働きかけるスキル（社会資源の調整・開発や政策へと働き掛けるスキルなど）
4．社会福祉制度や社会資源に関する知識（関連する福祉制度や地域の資源に関する知識など）	4．対人援助専門職としての活動を支えるスキル（職務の適切な遂行のためのスキルなど）
価　値・倫　理　　　人権尊重，個人の尊重，利用者の利益の優先，権利擁護，エンパワメント，利用者の変化の可能性の確信，自己選択，自己決定の尊重	

出典：山崎美貴子・北川清一編著『社会福祉援助活動』岩崎学術出版，1998年，44～59頁，岡本民夫・平塚良子編著『ソーシャルワークの技能』ミネルヴァ書房，2004年，115～131頁をもとに筆者作成。

―― 利用者に関する知識の事例 ――

　　ある障害者支援施設での出来事である。新任職員の川見さんが自閉症の利用者とかかわっているが，上手くコミュニケーションが取れないようだ。川見さんは，一生懸命利用者に伝えようとするのだが，一向に利用者は理解してくれない。同じ失敗を繰り返してしまう。ベテラン職員の浅井さんが，川見さんに「自閉症の方にそのような言い方をしても伝わらないですよ。視覚的に表現できる写真や絵カードを用いて，具体的に一つひとつのことを順序立てて説明していけば，理解しやすいと思いますよ」と助言した。
　　自閉症の障害特性や具体的なかかわり方についての研究が進められている。勘や経験だけでかかわっていくのではなく，研究成果を知識として習得し，得た知識をもとに対人関係スキルといった技能を駆使しながら，利用者との関係の取り方や具体的なかかわり方を工夫すべきであろう。

なく利用者の自立生活に大きくかかわっている。利用者の自立生活支援にはしっかりとしたソーシャルワークや介護福祉といった利用者支援の価値観のもとに専門的知識や技能に基づいた支援を行っていく必要がある。専門職としての

第1章　利用者支援と福祉専門職

マニュアルだけでは利用者を理解できない

自覚と誇りをもって業務に臨むべきである。社会福祉の仕事は，決して素人判断でできるものではない。仕事に対する熱意と人間的な温かみや優しさに加え，専門性を身に付けておかなければならないことが理解できるであろう。

生身の人間同士の触れ合い

　一方で，教科書や職場のマニュアル等で得た情報だけで利用者とかかわることができるわけではない。職員も利用者もともに生身の人間である。この生身の人間同士の触れ合いがあるからこそ，マニュアル通りに事が進まないのである。対人援助である福祉の仕事の難しさがある。

　利用者支援には正解というものはないのかもしれない。教科書やマニュアルにとらわれすぎると，利用者を一人の「人」として理解できなくなるかもしれない。状況に応じて職員の裁量が求められてくるのである。一人の利用者であっても，その時々の心身の状況は異なっている。その状況に応じた対応が求められる。専門性を兼ね備えるということは，単に知識や技術が備わっているというだけでなく，職員がさまざまな状況において価値・知識・技能を踏まえ，どう考え，判断し，行動するのかが問われるのである。だからこそ，福祉の仕事には奥深さがあり，面白さがあるのかもしれない。

> **ワーク**
> あなたの業務を振り返り，次のことを整理してみよう。
> ① あなたは，どのようなソーシャルワークの価値に基づいて業務を行っているだろうか。
> ② あなたの業務では，どのような専門的知識が必要だろうか。
> ③ あなたの業務では，どのような専門的技能が必要だろうか。

3　利用者主体の支援

事前チェック　「利用者主体の支援」とは，どのような支援だろうか。

「処遇」から「支援」へ

　これまで幾度となく「支援」ということばを用いてきた。ここで，支援の意味を確認しておきたい。一昔前まで，「処遇」ということばが用いられていた。それが，「援助」そして「支援」へと変わっていった。単にことばが変わっただけでなく，考えも大きく変わったのである。処遇ということばは，自立生活を営めないのは利用者側に問題があるという考えのもと，それを改善するために，専門家といわれる人たちが，利用者を訓練，指導，教育，あるいは保護するといった意味であった。

　しかし，われわれ人間は，われわれを取り巻くさまざまな環境（自然，建物，制度，組織，人的なネットワークなど）に影響を受けたり影響を及ぼしたりしており，環境との絶え間ないやり取りを通して生活を営んでいる。そして，環境にうまく適合したりふさわしい環境を求めたりすると同時に生活しやすいよう環境を変えたりする力を備えている。

　ところが，環境との関係がうまくいかなくなるとさまざまな問題が生じてくる。たとえば，職場を移ったことで仕事内容や人間関係，生活リズムが大きく変わってくる。前の職場でストレス状態にあっても，職場を移ったことでストレスが軽減されることもある。一方，職場を移ったことによってストレスを以

前よりも感じることもあるだろう。そこで，新しい環境に馴染もうとさまざまな努力をするようになる。うまく馴染める場合もあるが，そうならない場合もある。いくら努力しても新しい環境に馴染むことができず不適応を起こすこともある。

　当事者そのものは変わっていないにもかかわらず，環境が変わることで問題が生じたり軽減されたりもする。さらに環境の変化によって，その人自身が大きく変化することもある。たとえば，職場が受容的で温かく受け止めてもらえるような環境だと心穏やかになり，その人自身も心を開いていくであろう。ところが，職場の人間関係が良くなく周囲から否定的な態度を取られたなら，自己防衛的になったり閉鎖的になったりするであろう。

　このように，われわれ人間の生活はその人を取り巻く環境との関係に大きく影響を受けている。よって，環境に目を向けず当事者の変革に焦点を当てたかかわりでは解決しないことも多くある。利用者の抱える問題というのは，利用者側に問題があるというよりも，環境との関係のなかで利用者が感じる生活のしづらさ，困難なことを指している。いわば，利用者の側から問題とは何かを考えていこうというのである。

　このようにみていくと，利用者を取り巻くさまざまな環境との葛藤や不調和こそが問題なのである。利用者支援において着目するのは，利用者と利用者を取り巻く環境との葛藤や不調和を改善することである。この利用者と利用者を取り巻く環境を調整することこそが利用者支援の目的なのである（図1-7）。

　そうすると，利用者に対する訓練，指導，教育，保護だけでは問題の解決，改善につながらないこともある。しかも，われわれ人間の生活を取り巻く環境はさまざまであり，多様な環境とのやり取りがなされている。利用者の生活をさまざまな観点からとらえて，利用者の側に立って問題点を整理し，さまざまな関係機関や団体などと調整を図っていかなければならない。

　一方で，今までの支援において，当事者である利用者が置き去りにされてきたといった問題点も指摘されている。利用者の生活の主役は利用者本人であり，専門家主導の訓練志向型を意味する処遇ということばは不適切である。そこで，

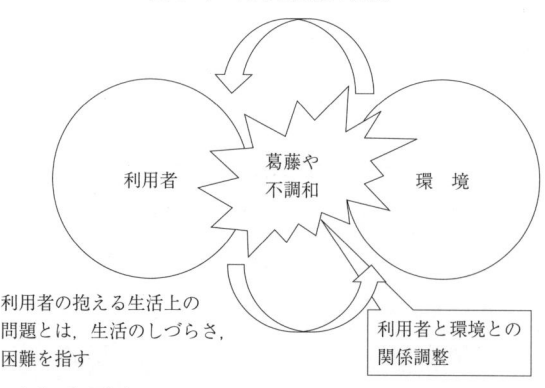

図1-7 利用者支援の焦点

利用者の抱える生活上の
問題とは，生活のしづらさ，
困難を指す

利用者と環境との
関係調整

出典：筆者作成。

「援助」が用いられた。しかし，このことばもまだ福祉サービス提供者の主導性が残っており，利用者をより主役として位置づける意味で「支援」が用いられるようになった。福祉職員の仕事は，利用者の生活を支援することである。

支援の意味と具体的内容

では，支援とはどのような意味なのだろうか。「支援とは，ワーカーが主導権を握って方向づけしたり問題解決・改善したりするのではなく，利用者が主役であるという考えのもと，利用者の自己選択・自己決定による意思を最大限尊重するという利用者主体に基づいている。そして，利用者自ら生活上の問題を解決・改善し，ニーズを充足するために，あるいは尊厳の保たれたより豊かにその人らしい自立した生活を目指して，利用者の動機を高めパワーの増強を図り（エンパワメント志向の実践），利用者とともに歩むというパートナーシップの関係を保持した取り組みをいう。利用者が障壁に直面したとき，乗り越えられるよう支え，困難な部分だけを援助するという利用者主導の観点を貫くことである」[3]（図1-8）。また，支援の具体的な活動内容は多岐にわたっており，これらを包括的にとらえることが必要である（表1-2）。

第1章　利用者支援と福祉専門職

図1-8　支援の概念図

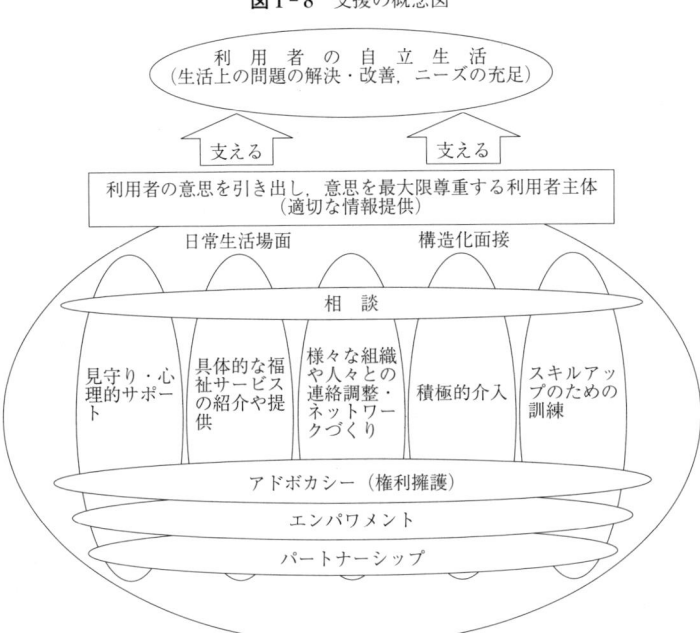

出典：津田耕一『利用者支援の実践研究』久美，2008年，132頁。

表1-2　支援の具体的な活動内容

①	介護・家事援助，日常生活援助，レクリエーションや創作活動，作業活動援助，各種制度・サービス・社会資源に向けての情報提供・結び付け，あるいは具体的な福祉サービスの提供
②	利用者を取り巻く関係機関や団体，他の専門職や家族などとのネットワークづくりや環境調整
③	利用者の代弁や代理
④	権利侵害や虐待時のワーカーの積極的な介入
⑤	自立生活に向けた利用者のスキルアップ（社会性，対人関係，作業技術，ADL向上など）のための訓練など

出典：図1-8と同じ。

すべてをしてあげることが本当の支援ではない

利用者の意思の尊重

　利用者の生活は利用者のものである。利用者自身が前向きに主体的に生活してこその自立生活である。主体とは，「自分の自由意志で行動するもの」という意味である[4]。近年，利用者主体の支援が強調されている。利用者主体の支援とは，「利用者の人生は利用者のものであり，利用者がどのような生活を営みたいのか，どのような支援を求めているのかといった，利用者の意思を最大限尊重するという利用者の自己選択・自己決定に基づく支援」をいう。そのために，利用者の意思を引き出し，理解したうえで，利用者の生活上のニーズを把握することになる。

　職員が利用者のことを考えいろいろと決めてやってあげることは決して良い支援とはいえない。確かに職員がお膳立てを整えたり代わりにやってあげる方が，より確実で，正確に，速くできるかもしれない。しかし，それでは職員主導になってしまい，利用者の主体性が失われ自立生活にはつながり難いということを肝に銘じておくべきであろう。

　ただ，いきなり利用者に「今日からあなたが主役ですよ。自分のことは自分で選んでください」と促しても，経験の乏しい利用者にとっては自己選択・自己決定は困難かもしれない。そこで，利用者が正しい判断ができるよう，適切な情報提供を行ったり，実際に体験してもらったりして自己決定・自己選択で

きるよう支援していくのである。その際，利用者に「自分で選んで良いんだ，自分で決めて良いんだ」という実感を持ってもらうために，職員は利用者の意思を最大限尊重する姿勢を貫くことが重要となる。

職員主導型の自己選択の事例

　ある施設で日帰り旅行の話が持ち上がった。今回は少人数で利用者の希望により行き先も複数用意した。さっそくどこに行きたいのか，一人ひとりに希望を聞くことにした。利用者の柴田さんは，自然にじっくり触れることをコンセプトとした「自然満喫コース」を選ぼうとした。すると，担当職員が一瞬怪訝そうな顔をした。その様子を見た柴田さんは，別のコースを選択した。

　なぜ，このようなことが起こったのだろうか。柴田さんは足が不自由で，バリアフリーになっていない「自然満喫コース」は柴田さんにとって少々厳しいコースだったのである。職員は柴田さんのことを思い，バリアフリーに配慮されたコースの方が良いと考えていたのである。そのことを察した柴田さんが自分の想いを抑えて，バリアフリーになっているコースを選択したのである。

　職員の顔色をうかがい，職員が求めるコースを選択して，利用者の自己選択・自己決定といえるであろうか。確かに，バリアフリーになっていないコースは危険であり，柴田さんにとってもきついものかもしれない。しかし，柴田さんは自然とじっくり触れ合いたかったという想いを表現できることが大切なのである。そのうえで，柴田さんに配慮できることはないかを模索していけばよいのである。今回の事例のように，表面的には柴田さんの選択となっているが，実は職員の想いを柴田さんが選択したのである。

Check Point!　新任職員研修受講生が考える「利用者主体の支援」
- ▷　利用者を一人の人として尊重した支援
- ▷　利用者のその人らしさを大切にした支援
- ▷　利用者が主人公となる支援
- ▷　職員中心ではなく利用者中心となる支援
- ▷　利用者の価値観を尊重し，職員の価値観を押し付けない支援
- ▷　利用者の最善の利益を考えた支援
- ▷　利用者の将来を考えた（その場その場の対応に終わらないで利用者にとって

何が必要かを考える）支援
▷　利用者一人ひとりに応じた支援（個別支援）
▷　利用者の想いを理解する支援
▷　利用者の意向に沿った支援（意思の尊重）
▷　利用者の生活リズムやペースを大切にした支援
▷　利用者が望む生き方を知ろうとし，一緒に考える支援

利用者のニーズ

　ただ，ここで押さえておかなければならないことがある。それは，利用者の要望とニーズとは必ずしも一致するとは限らない，ということである。利用者の要望を最大限尊重し，そのことに基づいた支援を行うことはいうまでもない。しかし，利用者の要望が非社会的・反社会的なものであったり，利用者に不利益をもたらすものであったり，自立生活を考えるうえできわめて非現実的なものであったりする場合，本当に利用者にとって何が必要なのかを模索していくことを怠ってはならない。利用者の自立生活にとって必要不可欠なもの，それがニーズである（図1-9）。

　具体的に人間にはどのようなニーズがあるのだろうか。アメリカのソーシャルワークの研究者であるヘップワースらは，人間のニーズ（Human Needs）として，肯定的な自己概念（アイデンティティ，自尊心，自信），情緒的なもの（他人から必要とされ大切にされたいという感情，仲間づきあい，帰属意識），自己実現・個人的な達成（教育，レクリエーション，教養，美的な充足，宗教），物理的なもの（食物，衣服，住居，健康管理，安全，保護）を挙げている[5]。物理的なものというのは，人間が生命を営むうえで最低限必要なものである。より質の高い生活を送っていくためには，物理的なものに加え，肯定的な自己概念，情緒的なもの，自己実現・個人的な達成感がきわめて重要となってこよう。

　一方で，人間のニーズとして，共通している内容を土台としながらも，一人ひとりの利用者について考えていくことが求められてくる。利用者の状況は一人ひとり異なっているため，利用者に応じたニーズが存在するのである。ある

図1-9　人々の生活上の問題と社会福祉のニーズ

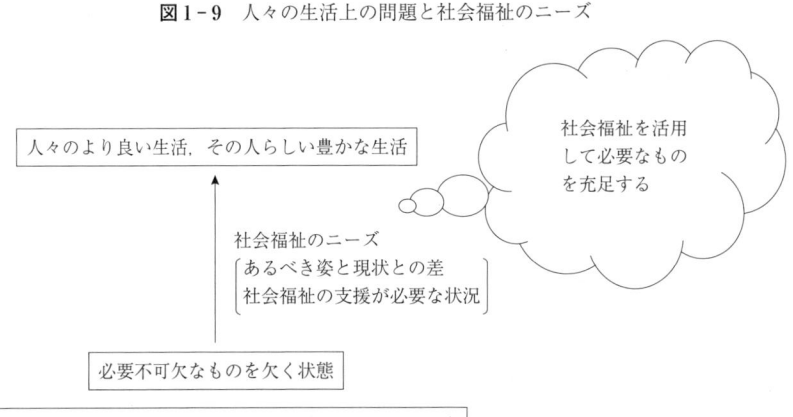

出典：図1-8と同じ，121頁。

― 職員主導型支援の事例 ―

　ある特別養護老人ホームでの出来事である。日中ほとんどベッドの上で過ごす竹川さんが珍しく車椅子で食堂にやってきて昼食を摂った。昼食後，竹川さんはベッドに戻りたいと訴えたが，対応した職員は「もう少しでお風呂だからそれまで車椅子で過ごしましょう」と返答し，その場を去っていった。

　竹川さんは，ベッドに戻りたいと要望した。それに対して職員は車椅子で過ごすことを促し，その場を去ってしまった。この対応について，いろいろなことが推測できる。まず一つ目は，昼食後，入浴介助に追われている職員が，竹川さんをベッドに戻したとしても，わずかな時間でまた車椅子に移ってもらい浴室まで来てもらわなければならないため手間がかかると考え，職員の都合を優先した対応を行った。

　二つ目は，普段なかなかベッドから出ない竹川さんが車椅子に移ったので，この機会を利用してわずかな時間でも離床してもらおう，その方が竹川さんの体力維持につながると考えた。

　いずれも職員の想いが優先している。職員の都合を優先した職員主導の対応は，問題だといえる。一方，体力維持のためとはいえ，竹川さんの要望を考慮せず職員の判断を優先した対応についても問題が残る。体力維持が必要という観点に立つならば，竹川さんへの声掛けの仕方を工夫すべきであろう。竹川さんのベッドに戻りたいという要望にまずは耳を傾け，何か意図するものがあるかを確認したうえで特別の理由がなければ，「たまには車椅子に乗って体を動かしてみましょうか。その方が気分転換にもなりますよ」など体力維持を促す声掛けの工夫が必要であろう。利用者からの要望への対応の仕方にもいろいろな意味が込められているのである。

図1-10 ニーズと要望の関係

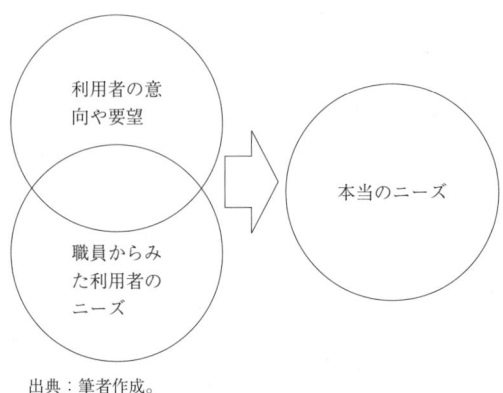

出典：筆者作成。

人にとってはぜいたく品であっても、別の人にとっては生活していくうえで欠かせない必要なものであることもある。個別にニーズを理解する必要がある。

したがって、利用者の意向や要望をしっかりと確認したうえで、その意向や要望が利用者の生活上必要なものかどうかを見極めていくことになる。職員は、専門職の立場から利用者のニーズを模索するであろう。利用者の意向や要望と職員から見た利用者のニーズが一致する場合は問題ない。しかし、そこにずれが生じた場合、調整を図っていかなければならない。そのうえで利用者の本当のニーズを見出していくのである（図1-10）。決して職員サイドの観点から利用者のニーズを推し量るのではなく、利用者の立場や想いを尊重しつつ、利用者の利益やふさわしい生活を考慮した自立生活を目指したり維持したりするためのニーズ把握に努めていくことが何よりも重要となる。

支援過程において、アセスメントの段階から利用者のニーズを的確に把握でき、将来の展望を見据えた支援計画を立てることが理想である。しかし、実際はそうならない場合も多いであろう。日々の生活上のニーズは理解しやすいが、将来を見越した生活上のニーズは明確になりにくい場合もある。そこで、差し迫った問題に対処しながら利用者の日々の生活を支援することからスタートし、そこから利用者の望む生活、利用者にとってふさわしい生活とはどのようなも

のかを模索していくといったスタイルもある。このように，今の生活支援から着手し，将来へとつなげていく方法も立派な自立支援といえよう。

Check Point! 支援の深化
▷ 的確なニーズ把握とニーズ充足に向けた支援が行われると，さらに潜在的ニーズが掘り起こされ，より質の高い福祉サービスへとつながっていくのである。

利用者と職員との双方向の関係

社会福祉の仕事は，対人援助である。生身の人間同士の触れ合いのなかで支援が行われているのである。職員は利用者に福祉サービスを提供している。しかし，職員は利用者に一方的に与えるばかりではない。職員は，利用者の思考や発言内容，行動から多くのことを学んでいるのではないだろうか。人と人との触れ合いを通して利用者からもさまざまな生活の糧を受け取っているのである。

職員と利用者との関係は決して職員からの一方向によって成り立っているのではない。双方向のやり取りによって成り立っているのである。この双方向の関係を皆さんは気づいているだろうか。双方向の関係を意識できることで，利用者を単なる福祉サービス利用者としてではなく，一人の人として尊重でき，大切な存在と認識できるのである。この気づきがあって初めて，利用者と職員は対等な関係へと近づくのである。

> **ワーク**
> 利用者主体の支援に向けて，次のことを整理してみよう。
> ① あなたが利用者とのかかわりにおいて，意識して行っていることはどのようなことだろうか。
> ② 利用者主体の支援とは，どのようなことだろうか。また，利用者主体の支援とは具体的にどのように利用者と接することだろうか。
> ③ 利用者主体の支援に向けて，あなた自身が明日から取り組むことができるのはどのようなことだろうか。

4　自立生活支援

事前チェック　「利用者の自立生活」とは，どのような生活なのか考えてみよう。

　地域生活支援であれ，入所施設支援であれ，日々の具体的な福祉サービスの提供に終始するのではなく，長期的な観点での生活支援をも視野に入れておかなければならない。わが国の社会福祉関係の法律や意見書を見ると，利用者の「自立生活支援」がその目的となっている。

　利用者が日々の生活を怪我や病気をすることなく過ごすことができたなら業務が完了するといったルーティンワークを遂行するだけでは，必ずしも自立生活支援につながるとは限らない。日々の介護や日常生活援助などの業務を通して自立生活支援を行っているのである。たとえば，あなたが介護職であったとする。「あなたの仕事は何ですか」という質問に対し，どう返答するであろうか。「高齢者の介護を行っています」と返答するかもしれない。間違いではないだろう。しかし，介護が本来の業務の目的ではない。介護を通して利用者の自立生活支援を行っているのである。日々の業務は自立生活支援の一つの過程である。

　「自立」とは何か，きわめて難しい質問である。そこで，社会福祉関係各法などを整理すると，「より質の高い生活，安心のある生活，自らの意思にもとづく生活，その人らしい生活（自己実現），尊厳のある生活」といったキーワードが挙げられる（図1-11）。しかし，具体的な生活のあり方は一人ひとり異なってくる。「質の高い，安心のある，尊厳の保たれた，○○さんらしい生活」とはどのような生活なのか，キーワードを基に「○○さんにとっての自立生活とはどのようなものか」「どのように支援すればよいのか」をきわめて個別的に模索していくのである。

　「○○さんらしい生活」「○○さんにふさわしい生活」を自立生活と解釈するならば，さまざまな自立生活支援のスタイルが存在している。自立生活を目指

第1章 利用者支援と福祉専門職

図1-11 自立生活支援

自立を考えるキーワード
・より質の高い生活
・安心のある生活
・自らの意思に基づく生活
その人らしい生活
・尊厳のある生活

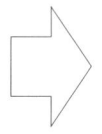

⇒ 一人ひとりの利用者にとっての自立とはどのような生活かを考える

出典：筆者作成。

表1-3 自立（生活）支援のとらえ方

利用者の状況	自立支援のもつ意味
自立生活を目指す利用者	福祉サービスの利用により自立生活を目指す
自立生活を維持するのが困難な状況に陥った利用者	福祉サービスの利用により自立生活を取り戻す
自立生活を維持する利用者	福祉サービスの利用により自立生活を継続する

出典：図1-8と同じ，118頁。

している利用者，困難な状況に陥ったため福祉サービスを利用することで自立生活を取り戻す利用者，福祉サービスを利用することで自立生活を維持する利用者など自立生活支援の意味も利用者の状況によって異なってくるのである（表1-3）。

> **ワーク**
> 利用者を一人思い浮かべて，その利用者の自立生活とはどのような生活なのかを整理してみよう。

5　自己理解

事前チェック　あなたは，多様な価値観の存在に気づいているだろうか。

利用者の意思を尊重し，利用者のその人らしい生活を模索していくうえで，

ソーシャルワークの価値観や倫理綱領に基づいた支援を行うことの重要性はいうまでもない。しかし，利用者支援に携わる職員は，職業人であると同時に一人の生身の人間である。当然感情をもち，個人の人生観や価値観を有している。機械的な対応では済まされない利用者支援は，職員の瞬時の判断が求められたり，裁量にゆだねられたりする。各職員の持ち味なのかもしれない。そこには，職員個々人の有する人生観や価値観が見え隠れする。また，「○○さんはどうも苦手だ」「○○さんの考え方は受け入れられない」「○○さんと接しているとイライラする」「○○さんはこうすべきだ」「○○さんを見ていると何とかしてあげたい」といった感情が湧き起こってくることもあるだろう。

　一方，利用者や家族，他の職員にも価値観や人生観がある。あなた自身の考えを他の職員や利用者・家族に押し付けていないだろうか。人それぞれ育ってきた環境や経歴があり，個々人の価値観や人生観は，当然，人によって異なってこよう。この多様な価値観や人生観がある，ということを理解することが重要であり，お互いに尊重し合うことができて初めて他の人の人権や個人の尊厳を認めることができるのである。

　利用者の価値観や人生観を理解しようと思えば，利用者の歩んできた人生を理解するよう努めるべきである。利用者はどのような環境のなかでどのような生活を送ってきたのだろうか，人生のなかで一番輝いていた時代はいつ・どのような時期なのか，あるいは一番辛かった時代はいつ・どのような時期なのかを知ることによって，また，利用者の興味・関心のあることや大切にしていることを知ることによって，今の利用者理解につながるのである。

　一方，同じ福祉従事者といえども職員によって多様な見方が存在する。自分自身のとらえ方を主張するとともに，他の職員のとらえ方を受け止めていくことで，より視野の広い見方ができるようになる。

　このように多様な価値観や人生観があり，どれが正しいとは言い切れないのである。多様な価値観や人生観を認め，利用者や家族，他の職員の価値観や人生観を受け止めていくことから支援はスタートするのである。

　しかし，そう簡単に他者の価値観や人生観を受け止め冷静に対応できるわけ

第1章　利用者支援と福祉専門職

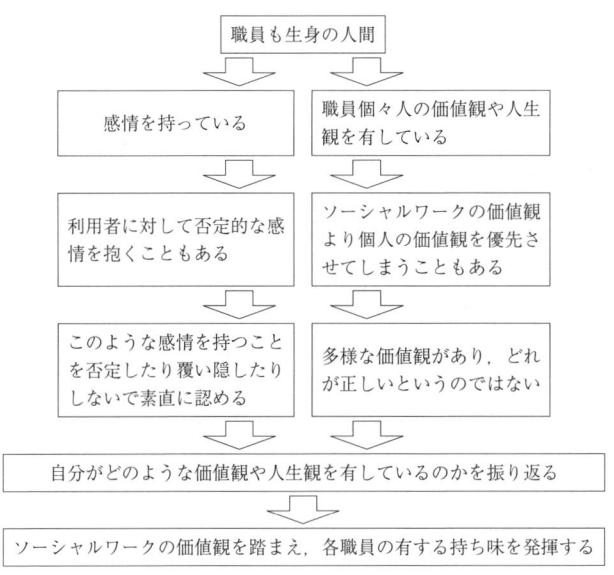

図1-12　職員の持ち味を生かす

```
           ┌──────────────────┐
           │  職員も生身の人間  │
           └──────────────────┘
                    ↓
    ┌──────────────┐    ┌──────────────────────┐
    │ 感情を持っている │    │ 職員個々人の価値観や人生 │
    │                │    │ 観を有している         │
    └──────────────┘    └──────────────────────┘
            ↓                       ↓
  ┌──────────────────┐  ┌──────────────────────┐
  │ 利用者に対して否定的な │  │ ソーシャルワークの価値観 │
  │ 感情を抱くこともある  │  │ より個人の価値観を優先さ │
  │                    │  │ せてしまうこともある     │
  └──────────────────┘  └──────────────────────┘
            ↓                       ↓
  ┌──────────────────┐  ┌──────────────────────┐
  │ このような感情を持つこと │  │ 多様な価値観があり，どれ │
  │ を否定したり覆い隠したり │  │ が正しいというのではない │
  │ しないで素直に認める   │  │                      │
  └──────────────────┘  └──────────────────────┘
                    ↓
    ┌────────────────────────────────────────┐
    │ 自分がどのような価値観や人生観を有しているのかを振り返る │
    └────────────────────────────────────────┘
                    ↓
    ┌────────────────────────────────────────────┐
    │ ソーシャルワークの価値観を踏まえ，各職員の有する持ち味を発揮する │
    └────────────────────────────────────────────┘
```

出典：筆者作成。

ではない。他者に対する感情を否定したり覆い隠したりするのではなく，素直に認めるべきである[6]。そのためには，自分はどのようなことを大切にしているのか，どのようなことを受け入れられないのか，自らを振り返る必要がある。そのような自分自身を知ったうえで利用者にかかわっていくことができると，随分冷静な対応も可能となるのではないだろうか。この気づきが大切なのである（図1-12）。

むろん，気づきがあって意識していてもすぐに上述のことを実践できるわけではない。利用者とのかかわりにおいて自ら抱いている感情や価値観・人生観を優先した言動が出てしまうこともあるだろう。つい，職員主導で物事を進めたり利用者にきつい口調でものを言ったりすることもあるかもしれない。そのことに気づくことが大切であり，この失敗を謙虚に認め，反省し，次に生かすことが重要となるのである。そこで，その場面を振り返り今後に生かすことを心がけるとよい（図1-13）。

25

図1-13　場面の振り返り

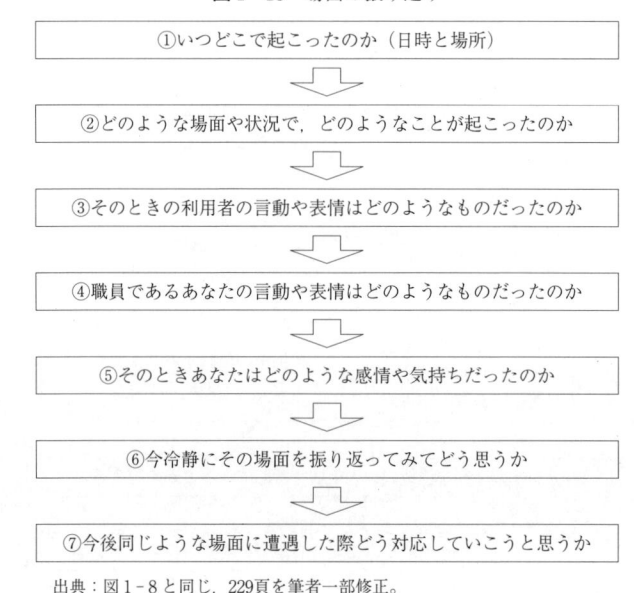

```
┌─────────────────────────────────────────┐
│ ①いつどこで起こったのか（日時と場所）      │
└─────────────────────────────────────────┘
                    ↓
┌─────────────────────────────────────────┐
│ ②どのような場面や状況で，どのようなことが起こったのか │
└─────────────────────────────────────────┘
                    ↓
┌─────────────────────────────────────────┐
│ ③そのときの利用者の言動や表情はどのようなものだったのか │
└─────────────────────────────────────────┘
                    ↓
┌─────────────────────────────────────────┐
│ ④職員であるあなたの言動や表情はどのようなものだったのか │
└─────────────────────────────────────────┘
                    ↓
┌─────────────────────────────────────────┐
│ ⑤そのときあなたはどのような感情や気持ちだったのか │
└─────────────────────────────────────────┘
                    ↓
┌─────────────────────────────────────────┐
│ ⑥今冷静にその場面を振り返ってみてどう思うか │
└─────────────────────────────────────────┘
                    ↓
┌─────────────────────────────────────────┐
│ ⑦今後同じような場面に遭遇した際どう対応していこうと思うか │
└─────────────────────────────────────────┘
```

出典：図1-8と同じ，229頁を筆者一部修正。

　一度で適切な言動に修正できるとは限らないが，何度も意識することでやがて冷静な対応が可能となるであろう。このように地道な努力を行う人こそがプロとして成長していくのである。多くの職員が社会福祉の仕事に期待と理想を抱いている。理想に向けて自己研鑽してほしいものである。

ワーク
あなたが大切にしている考えは，どのようなものだろうか。
また，あなたが受け入れられない考えは，どのようなものだろうか。

注
1）　津田耕一『施設に問われる利用者支援』久美，2001年，102～104頁。
2）　ブトゥリム，T. Z.，川田誉音訳『ソーシャルワークとは何か』川島書店，1986年，59～66頁。

3) 津田耕一『利用者支援の実践研究——福祉職員の実践力向上を目指して』久美，2008年，131頁。
4) 金田一京助他『新明解国語辞典（第5版）』三省堂，2002年，647頁。
5) Hepworth, D. H., Roony, R. H. & Larsen, J. A., *Direct Social Work Practice-Theory and Skills* 5th Edition, Brooks/Cole, p. 6, 1997.
6) 武田建『カウンセリングの理論と方法』理想社，1967年，231頁。

参考文献

山崎美貴子・北川清一編著『社会福祉援助活動——転換期における専門職のあり方を問う』岩崎学術出版，1998年。

津田耕一『施設に問われる利用者支援』久美，2001年。

岡本民夫・平塚良子編著『ソーシャルワークの技能——その概念と実践』ミネルヴァ書房，2004年。

津田耕一『利用者支援の実践研究——福祉職員の実践力向上を目指して』久美，2008年。

太田義弘編著『ソーシャルワーク実践と支援科学——理論・方法・支援ツール・生活支援過程』相川書房，2009年。

『月刊福祉』2009年8月号，全国社会福祉協議会，2009年。

第2章

利用者の意思を引き出す支援

1　コミュニケーションとは

事前チェック　改めてコミュニケーションとは何かを考えてみよう。

コミュニケーションの重要性

　利用者とのかかわりにおいて重要なのは，利用者とのコミュニケーションである。われわれは，人と接する際に必ずコミュニケーションを行っており，このコミュニケーションを土台として人間関係が成り立っているのである。人間関係の形成にコミュニケーションは欠かせない[1]。自分の持っている知識を相手に伝え，自分にない情報を相手からもらい，お互いが同等の知識を持つことで，お互いの類似感，一体感が増し，連携して共通の問題に向かうことができるといわれている[2]。

　コミュニケーションの考えや方法は，相手が利用者であろうが職場の職員であろうが，基本は同じである。人と人とのコミュニケーションを対人コミュニケーションという。対人援助である利用者支援を行ううえでも，職場のチームワークを形成・維持していくためにも，対人コミュニケーションはきわめて重要であり，コミュニケーションの成否が利用者支援や職場の組織活動に大きな影響を及ぼすことになる。第2章では，対人コミュニケーションの基本を説明したうえで利用者とのコミュニケーションのとり方について述べる。

コミュニケーションの意味

　コミュニケーションには以下の3つの働きがあるといわれている[3]。

① 相互作用過程：当事者がお互い働きかけ応答し合う働き
② 意味伝達過程：一方から他方へ意味を伝達する働き
③ 影響過程：一方が他方に対して影響を及ぼす働き

第2章 利用者の意思を引き出す支援

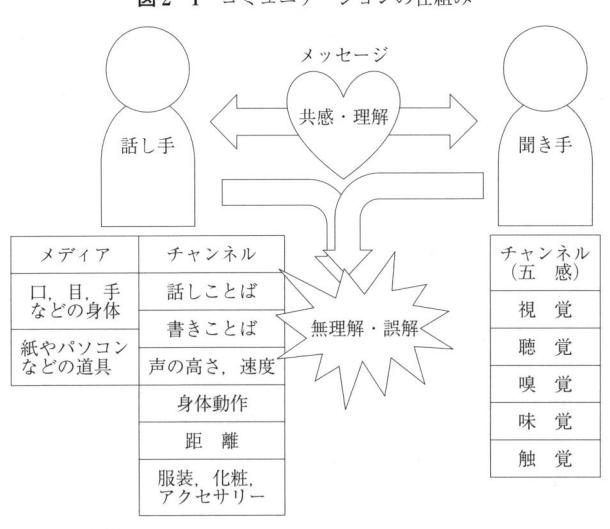

図2-1 コミュニケーションの仕組み

```
    話し手  ←メッセージ→  聞き手
         共感・理解
         無理解・誤解

    メディア      チャンネル        チャンネル（五感）
    口，目，手    話しことば         視覚
    などの身体    書きことば         聴覚
    紙やパソコン  声の高さ，速度     嗅覚
    などの道具    身体動作           味覚
                  距離               触覚
                  服装，化粧，
                  アクセサリー
```

出典：筆者作成。

コミュニケーションは，単に物事を伝達するだけでなく，話し手と聞き手の相互作用を通して内容やお互いの考え方や感情，気持ちを共有していくものであり[4]，双方に思考や具体的な行動において影響を及ぼすものである。

Check Point! 真のコミュニケーションは，心と心の触れ合い
▷ 真のコミュニケーションとは，表面的なやり取りではなく，話し手と聞き手の人格と人格が交わるなかで共感し合い，理解し合うことが重要で，心と心が触れ合い，温かさが通い合って初めて成り立つものである[5]。

コミュニケーションは，話し手が聞き手に話しことばや書きことば，声の大きさ，速度，動作，しぐさ，表情などのチャンネルを通して，メッセージを伝えているのである[6]。話し手はいろいろなチャンネルを用いてメッセージを伝えようとし，聞き手は五感を駆使して話し手の意図する内容を正しく理解しようとするのである。なお，メッセージは単なる「記号」で，メッセージそのもの

31

には意味はない。メッセージに意味づけをしているのである。話し手が「あめ」と言ったとする。聞き手は，「あめ」というメッセージをどう解釈するだろうか。「雨」「飴」どちらでも解釈できる。聞き手のこれまでの生活習慣や経験が「あめ」というメッセージに意味づけしているのである。話し手と聞き手の意味が重なり合った部分が「理解」であり，重なり合わなかった部分が「無理解」や「誤解」である[7]（図2-1）。

コミュニケーションの難しさ

コミュニケーションでは，「無理解」や「誤解」を極力少なくし「理解」を増やしていかなければならない。ところが対人コミュニケーションでは，「無理解」や「誤解」が実に多い。

誤解を招くコミュニケーションの事例

江藤さんが南さんに何かを訴えてきたとする。南さんはそれを聞いて「わかりました」と返答した。江藤さんは「自分の訴えを聞き入れてもらえた，要求を叶えてもらえる」と解釈するかもしれない。しかし，南さんは「訴えを聞き入れるという意味ではなく，あなたの言い分はわかりました」という意味だったのかもしれない。そうすると，「わかりました」というメッセージのもつ意味が江藤さんと南さんとでは異なっており，「誤解」が生じてしまったのである。

「私はてっきり○○だと思っていた」「あの人が言っていた○○とは，こういう意味じゃないの？」「私はそのようには理解していなかった」「相手が何を言いたいのかよくわからない」「なんとなく話がかみ合わないなあ」「私の言いたかったことと違う」「あの人は自分の都合のよいように解釈してしまっている」「私はそのような意味で言ったのではないのに」といったミス・コミュニケーションをわれわれは繰り返し経験している。このように，人に何かを伝えたり話し手の内容を正確に理解したりするというのは非常に難しいものである（図2-2）。

ある状況を人に伝えるとしよう。東さんが，パーティー会場の様子を太田さんに伝えようとしている。

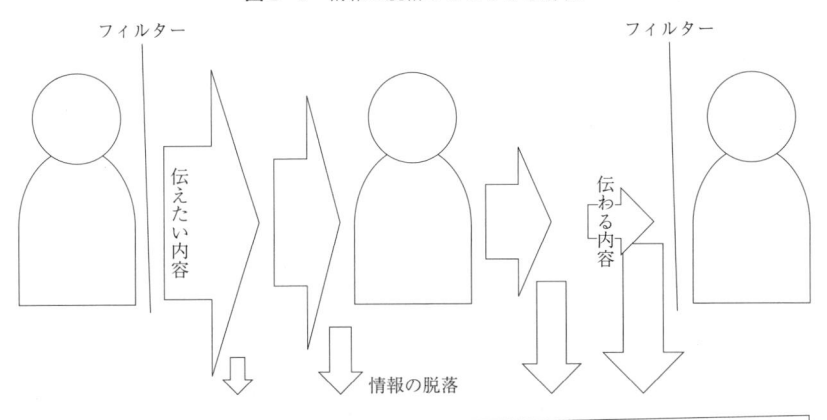

図2-2　情報の脱落とさまざまな解釈

フィルター　　　　　　　　　　　　　　　　フィルター

伝えたい内容　　　　　　　　　　　伝わる内容

情報の脱落

さまざまな解釈

出典：筆者作成。

① 東さんは，パーティー会場の様子を100％理解しているわけではない。東さんが理解している範囲で伝えようとする。ここで情報がいくらか脱落していく。
② しかも，東さんが理解していることすべてを表現できるわけではない。ここでもいくらか脱落していく。
③ さらに，東さんは自分のフィルターを通して太田さんに伝えようとする。フィルターとは，話し手，聞き手ともにこれまで育ってきた社会，文化，習慣，育まれた価値観によるものの見方や観念によって物事の認識の仕方はさまざまであり，その人なりに認識した解釈や感情をいう。会場は立派なところである，冒頭のあいさつが長かった，料理は美味しくなかった，知り合いが多くいて楽しかったなど，東さんが理解したことや感じたことを太田さんに伝えているのである。
④ 一方，聞き手である太田さんは，東さんが表現した事柄をすべて入力できるわけではなく，いくつかの情報を聞き洩らしてしまう。
⑤ しかも，太田さんもフィルターを通して聞き，太田さんなりの解釈が入

って理解しようとする。立派な会場のイメージは東さんと太田さんとでは異なっているかもしれない。東さんの伝えたかった立派な会場のイメージが伝わっていなかったり、逆に伝えようとしていなかった内容までも太田さんによって意味づけられてしまったりもする。
⑥ さらに、東さんと太田さんの関係によっても伝え方や理解の仕方に影響を及ぼすことになる。「東さんはいつも大げさな表現をする人だ」と太田さんが思っていれば、東さんの話を割り引いて聞くかもしれない。一方、「太田さんはいつも勝手な解釈を入れる人だ」と東さんが思っていると、ことばを選びながら伝えるかもしれない。

　話し手から聞き手に直接伝えるだけでも多くの情報が脱落し、しかも双方のフィルターを通るのでさまざまな解釈が入り、誤解や無理解が生じてくる。間に人が入ると、さらに多くの情報が脱落するため正確な内容が少なくなり、逆にさまざまな解釈や憶測が入り、これらの情報があたかも事実であるがごとく伝わってしまうことになりかねないのである。

> **ワーク**
> 人とのコミュニケーションにおいて、誤解や無理解によってトラブルになったり、なりそうになったりしたことを思い出し、何が原因だったのか整理してみよう。

2　言語コミュニケーションと非言語コミュニケーション

事前チェック　普段、あなたは、どのようなコミュニケーションをとっているだろうか。

　コミュニケーションは、言語コミュニケーションと非言語コミュニケーションに分けることができる。言語コミュニケーションは、ことばによるコミュニケーションである。非言語コミュニケーションは、ことばによらないコミュニケーションで、ことばに付随する準言語とことばに付随しない非言語に分類す

図2-3 コミュニケーションの分類

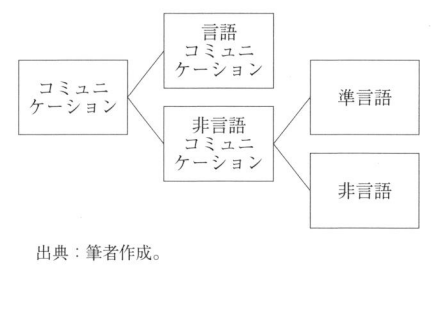

```
コミュニケーション ─┬─ 言語コミュニケーション
                    └─ 非言語コミュニケーション ─┬─ 準言語
                                                  └─ 非言語
```

出典：筆者作成。

表2-1 コミュニケーションの内容

コミュニケーション		内容
言語コミュニケーション		話しことば，書きことば
非言語コミュニケーション	準言語	話す速度，抑揚，声の大きさ，声の高さ，間の取り方，字体，字の大きさなど
	非言語	身振り・身体の姿勢などの動作，しぐさ，顔の表情，触れる・撫でる・叩く・抱くなどの身体接触，対人距離，服装，化粧，装飾品など

出典：筆者作成。

ることができる（図2-3，表2-1）。

われわれ人間は，言語コミュニケーションを用いることによって飛躍的に発展した。われわれは，言語コミュニケーションを用いて，現在のことだけでなく過去や未来について語ったり，抽象的概念を理解したり，物事を論理的に展開したり，目の前にないものを想像したりする。人間は，言語コミュニケーションを活用することで他者との関係が構築でき，生活にさまざまなバリエーションが広がったのである。しかし，言語コミュニケーションだけですべてを伝えたり理解したりするわけではない。われわれは，言語コミュニケーションと非言語コミュニケーションを組み合わせてコミュニケーションを行っているのである。

何かを人に伝えるとしよう。強調したい部分は声を大きくしたり身振りを入れたりして言語コミュニケーションを補強するだろう。一方，われわれの生活では，ことばと裏腹の感情，気持

人間の感情は非言語コミュニケーションによって表現されやすい

図2-4　人間の感情表現の内訳

言語コミュニケーション	7%	ことば
非言語コミュニケーション	93%	声による表現（準言語）38%
		顔の表情（非言語）55%

出典：井上肇監修，野口勝己・飯塚雄一・栗田喜勝編『対人援助の基礎と実際』ミネルヴァ書房，1993年，53頁をもとに筆者作成。

ちを抱いていることも多い。ある利用者が「ここの職員さんはみんな良い人ばかりで，とても居心地が良いです。私は何一つ不満がありません」と話したとしよう。ことばだけ聞いているととても良い施設で何一つ不満がないと解釈できるだろう。ところが話し手がうつむき加減で目を合わせず，小声でぼそぼそと話をしたとするなら真意はことばとは裏腹で本当は不満があるのではないか，と解釈するであろう。これは聞き手が言語コミュニケーションよりも非言語コミュニケーションを優先して読み取り解釈したからである。このように，われわれのコミュニケーションの多くが非言語コミュニケーションだといわれている（図2-4）。

人間の感情というのは，言語コミュニケーションにおいてはある程度コントロールできるが，非言語コミュニケーションにおいてコントロールするのは難しいといわれている。われわれは，無意識のうちに非言語コミュニケーションを通して他者に感情や対人態度を伝達したり，逆に他者の感情や対人態度を知ったりするものである。[8]

非言語コミュニケーションは，言語的内容を補足するものであったり，強調するものであったり，言語的内容とは異なった意味を表現するものであったり，無意識的な問題や課題を表すものであったり，話を継続・終了させたり急がせたり反復を求めるといった会話の流れを調整したり管理するものであり複雑なメッセージが込められている。[9][10]

これまで述べたように，言語コミュニケーションは，抽象的・論理的内容を伝える場合に，非言語コミュニケーションは，感情表出や相手に対する対人態

図2-5 言語・非言語の特徴と効果

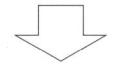

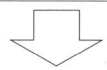

言語コミュニケーションの特徴	非言語コミュニケーションの特徴
現在のことだけでなく過去や未来について語ることができる	言語的内容を補足する
抽象的概念を理解できる	言語的内容を強調する
物事を論理的に展開できる	言語的内容とは異なった意味を表現する
目の前にないものを想像できる	無意識的な問題や課題を表す
	会話の流れを調整したり管理したりする（話の継続を促す，話の終了を促す，話を急がせる，話の反復を求める）
⬇	⬇
抽象的・論理的内容を伝えたり，他者との関係が構築でき，生活にさまざまなバリエーションが広がる	感情表出や相手に対する対人態度を表出する

出典：原岡一馬編『人間とコミュニケーション』ナカニシヤ出版，1990年，15～16頁，深田博己『インターパーソナルコミュニケーション――対人コミュニケーションの心理学』北大路書房，1998年，49頁，坂口哲司『看護と保育のためのコミュニケーション――対人関係の心理学』ナカニシヤ出版，1991年，9～19頁を参考に筆者作成。

度を表出する際に威力を発揮するといわれている[11]（図2-5）。そして，非言語コミュニケーションはコミュニケーションにおいて多様な役割を果たしていると同時にコミュニケーションに占める割合が高いことがうかがえる。非言語コミュニケーションがいかに重要であるかが理解できるであろう。

一方で非言語コミュニケーションは，複雑であり正確に読み取ることは非常に難しいものであることも理解しておかなければならない。

Check Point! 非言語コミュニケーションの困難さ
  ▷ 聞き手による誤解
    話し手が悲しみの表情をしているのに，聞き手が他の表情として認識し非言語のメッセージを読み誤っている。非言語であるがゆえに，聞き手のフィルターを通して話し手のメッセージに意味づけをしようとする際，聞き手のフィルターがより強く作用してしまう。

▷ 非言語コミュニケーションの矛盾
　話し手の顔は笑っているのに手を強く握りしめているといった非言語の動作に矛盾が生じている。メッセージの矛盾は，話し手自身も気づいていないかもしれないため，どちらが本当の話し手の気持ちを表しているのか理解しにくい。

▷ 非言語の意図的コントロール
　話し手が非言語の動作を意図的にコントロールしている。心のなかでは怒りを感じているのに冷静を装い笑顔で対応している場合などがある。

> **ワーク**
> あなたはコミュニケーションにおいて，どのような話し方，話の聞き方をしているのかを振り返ってみよう。
> あなたの聞き方，話し方の特徴はどのようなものだろうか。また，コミュニケーションを取る際に配慮していることはどのようなことだろうか。

3　利用者とのコミュニケーション

事前チェック　あなたは利用者からのメッセージを受け止めているだろうか。

利用者の想いを受け止め理解すること

　利用者とのコミュニケーションを通して利用者の意思を引き出すことの重要性はだれもが認識しているところであろう。しかし，そう簡単に利用者の意思を引き出し確認できるものではない。ここに利用者支援の難しさがある。ではどうすればよいのか。まずは，将来の生活について利用者の意思を確認する，といったことばかりではなく，日常生活のなかでの利用者の想いを引き出し尊重することが重要となる。

　利用者に寄り添い安心できる存在になる。利用者の何気ないしぐさなどから意図するメッセージを読み取りそれを尊重し可能な限り応えていく。また利用

第2章 利用者の意思を引き出す支援

利用者の想いをしっかり受けとめよう

者の要望に添えない場合でも反射的に拒否するのではなく一旦利用者の想いを受け止めていく，こういったことを繰り返し実践することで，利用者が「自分を大切に思ってくれている」「自分の想いが伝わっている」「自分の想いを叶えてくれる」「意思を表明してもよい」と思うようになり，自己表現するようになるのではないだろうか。日常の些細なことでもしっかり受け止め，それに応えていくことが何よりも重要である。この積み重ねにより信頼関係が芽生え，利用者は「あの職員なら自分を表現してもよい」と思うようになるであろう。

> **利用者の本音を理解する事例**
>
> 　ある障害者作業所での出来事である。身体障害のある佐藤さんが職員に作業を代えてほしいと訴えてきた。自分にはもっと高度な作業ができるはず能力の向上を目指したいというのである。職員は，作業の配置はほぼ固定しており，配置換えをすると作業に支障が生じるため，困惑していた。
> 　じっくり話を聞いていくと，毎月支払われる工賃に不満があることがわかった。単価の高い作業に従事すれば高い工賃を受け取ることができると思っているのである。さらに話を聞いていくと，佐藤さんは，妻と子どもがいるため，少しでも多くの工賃を持ち帰り家計を楽にしたいと考えていたのである。
> 　最初の言語化された訴えだけに翻弄されるのではなく，じっくり話を聞いていくことで本当の想いを引き出すことができるのである。

図2-6 問題行動も実は非言語によるメッセージ

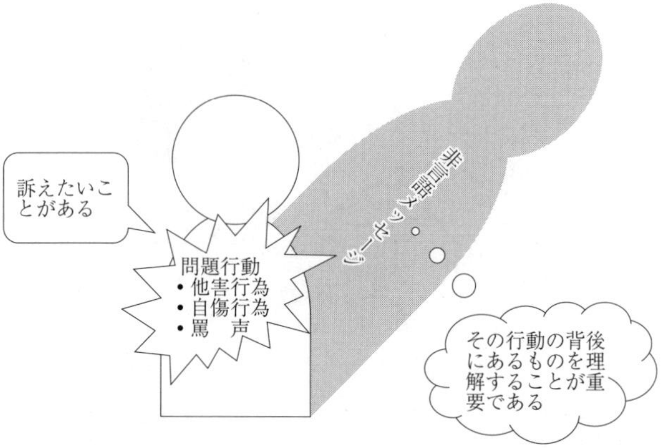

訴えたいことがある

問題行動
・他害行為
・自傷行為
・罵声

非言語メッセージ

その行動の背後にあるものを理解することが重要である

出典：筆者作成。

非言語からの理解

　コミュニケーションは，ことばだけではない。ことば以外の非言語コミュニケーションも重要な働きをしている。利用者は，言語コミュニケーションが困難だからこそ，非言語コミュニケーションによって多くのメッセージを投げかけているのである。この声なき声をどれだけ意識しているだろうか。

　利用者から発信された些細なメッセージを見逃したり無視したり，一方的にメッセージを拒否することを繰り返し経験すると，やがて利用者は，無力感に陥り自己表現しなくなる。そこで，職員は利用者の非言語コミュニケーションをより意識することが大切となるのである。

　たとえば，いわゆる問題行動といわれている行動も単に他害行為，自傷行為，罵声といったかたちで片づけてしまうのではなく，その行動の背後にあるものを理解することが重要となる。他害行為，自傷行為，罵声は利用者から発信された非言語のメッセージであることも多い。具体的なニーズを訴えている場合もあれば，情緒的なニーズの充足を訴えている場合もあれば，または環境との不調和を訴えている場合もある（図2-6）。ことばによるコミュニケーションの困難な利用者ほど非言語コミュニケーションを用いてメッセージを発信して

いるのではないだろうか。利用者の行動を繰り返し分析し，その背後にあるものを理解することで利用者の意図するものが見えてくるであろう。この些細なことの積み重ねを怠ってはならない。

Check Point! 利用者の意思を引き出す支援の方法
▶ 利用者に寄り添い安心できる存在になる
▶ 日常の小さな想いを大切にする
▶ 利用者の想いを受け止め可能な限り応えていく
▶ 非言語メッセージにも注目する
　① いつ
　② どこで
　③ どのような状況で
　④ 誰がいたか　　　　　　　⇨ 記録として蓄積し，複数の目で分析する
　⑤ どのようなことが起こったか
　⑥ 周囲はどう反応したか
　⑦ その結果どうなったか

── 非言語メッセージの事例 ──

　知的障害者の施設入所を利用している北川さんは，普段はおとなしい人なのだが，急に大きな声を出して近くにいる利用者を叩くことがある。突然の出来事で周囲の人たちが驚いて職員もすぐに駆けつけ，北川さんの行為を制止する。職員間では，北川さんのこのような行為を問題行動として注目されていた。当初は，大声を出して人を叩くという行為だけが注目されていたが，やがて，なぜ急に大きな声を出して人を叩くのだろうか，といった疑問が投げかけられるようになった。
　そこで，北川さんの状況を確かめるため，急に人を叩くのは，どのような場所や状況のときなのか，そこには誰がいるのかを調べるとともに，人を叩いた後，周囲はどのような反応を示しているのかも含め，データ収集を行うことにした。
　日中活動で職員が忙しく動き回っているときに，北川さんは職員の方を向いて何かを訴えるような目で見ているのだが，職員はそのことに気づいていなかった。すると，急に大きな声を出して近くにいる人を叩くのである。大声を出して人を叩く

と職員が駆けつけて北川さんを制止するのである。北川さんは，職員に何かを訴えようとして見ているのだが，それでは職員は気づいてくれない。ところが，大声を出して周囲の人を叩くと職員が駆け寄ってくるのである。この繰り返しであることが判明した。

　北川さんの立場で考えてみると，単に職員を見つめているだけでは応えてくれない。しかし，大声を出して人を叩くと自分に注目してくれる，ということを何度か経験し学習したのである。大声を出して人を叩くという行動は何かを訴えたいというメッセージなのである。北川さんの行動の意図がわかってきたため，日中活動の担当職員は，北川さんの様子を見守りつつ，職員を見ているときは笑顔で応えたり，何を訴えようとしているのかを考え北川さんに接したりするよう意識した。このような取り組みを続けることで北川さんの大声を出して人を叩くという行動は減少し，笑顔が見られるようになった。

意識することの大切さ

　一方，利用者の非言語コミュニケーションを理解することは，たやすいことではない。非言語のメッセージに気づかないことも多い。しかし，感性を磨く努力をすべきである，と一言で片づけられるほど簡単なことではない。では，どうすれば良いのか。職場には小さなことに気づく職員もいるだろう。その職員が気づいたことを一人の心にとどめておくのではなく，同じ部署の職員に気づいたことを伝え情報を共有すべきである。そして，情報を受け取った職員は，そのことを意識して利用者とかかわっていくことが大切である。この意識することこそ重要であり，色々な気づきにつながっていくのである。職員間のコミュニケーションが，いかに重要か理解できるであろう。

エンパワメントの考えとストレングスの視点

　利用者支援を行っていくうえで，エンパワメントの考えが重要となる。エンパワメントとは，利用者の秘めた可能性や潜在性といったパワーを確信し，有する潜在的な力を引き出す支援のことをいう。利用者も一人の人間として秘めた可能性や潜在性を有しているが，その力を十分発揮できなかっただけであり，秘めた可能性や潜在性を確信し，それを引き出すことが重要だという考えであ

図2-7 ストレングスの視点

支援員 →着目→ 利用者
・長所
・良さ
・できているところ
→潜在性や可能性を引き出す→
・自己実現
・主体的な生活

出典：筆者作成。

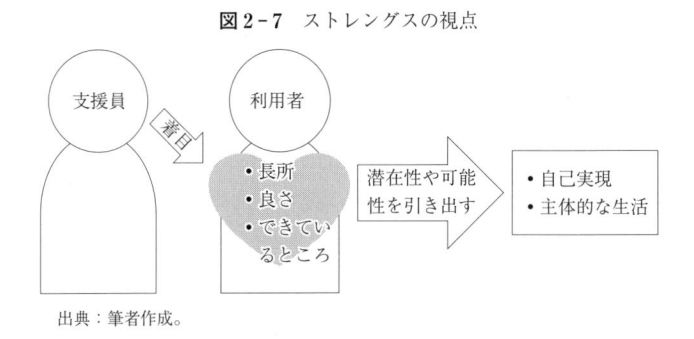

る。

　したがって，利用者の欠けているところ，できないところばかり着目するのではなく，利用者の長所やできるところに着目し，それを引き出していくことが大切となる。これをストレングスの視点という（図2-7）。

　われわれの生活を振り返ってみよう。自分なりに考えたり判断したことを周囲から一方的に非難されることを繰り返し経験すると，やがて自信喪失に陥ったり，非難した人たちに対して不信感を抱いたりするようになる。しかし，認めてもらえたり評価してもらえると，自信につながったり，評価してくれた人たちの前では積極的に発言しようと思うであろう。これと同じである。利用者も自分の良い所を評価してくれる職員，自分の想いを受け止めてくれる職員に対しては素直に自己表現するようになるのではないだろうか。

　利用者のマイナス面をみることで，やがて利用者そのものがダメな存在ととらえてしまう。逆に，利用者の良い所を見出すことによって，利用者を「一人の素晴らしい人」として評価できるようになるのではないだろうか。

利用者理解への努力

　ところが，他者を理解するということはそうたやすいことではない。利用者を100％理解する，ということは不可能に近い。理解できない点があるからこそ，理解しようと努力する姿勢が重要となるのである。利用者に「あなたのことをもっと知りたい」「あなたのことを理解したい」というメッセージを送る

ことで，利用者も「自分を理解しようとしてくれている，自分の存在を認めてくれている」と思えるのではないだろうか。

一方で，利用者のことは十分わかっている，と錯覚に陥ることは危険である。わかったつもりになると，それ以上理解しようとしなくなる。理解することをやめてしまうと，それ以上の理解にはつながらない。理解しようと心がけることで，徐々に利用者理解が深まっていくのである。

> **ワーク**
> ことばによるコミュニケーションの困難な利用者とのかかわりを振り返って，どのような非言語によるメッセージが発信されているのかを整理してみよう。

注
1） 飯塚雄一「対人コミュニケーション」井上肇監修，野口勝己・飯塚雄一・栗田喜勝編『対人援助の基礎と実際』ミネルヴァ書房，1993年，63頁。
2） 大坊郁夫『しぐさのコミュニケーション――人は親しみをどう伝えあうか』サイエンス社，2007年，148〜149頁。
3） 深田博己『インターパーソナルコミュニケーション――対人コミュニケーションの心理学』北大路書房，1998年，1〜3頁。
4） 福祉職員生涯研修課程編『改訂　福祉職員研修テキスト基礎編――仕事の進め方・考え方を学ぶ』全国社会福祉協議会，2006年，66頁。
5） 白石大介『対人援助技術の実際――面接技法を中心に』創元社，1988年，92〜93頁。
6） 林文俊「相互作用とコミュニケーション」原岡一馬編『人間とコミュニケーション』ナカニシヤ出版，1990年，31頁。
7） 同前書，38頁。
8） 深田博己『インターパーソナルコミュニケーション――対人コミュニケーションの心理学』北大路書房，1998年，1〜3頁。
9） 坂口哲司『看護と保育のためのコミュニケーション――対人関係の心理学』ナカニシヤ出版，1991年，16頁。
10） 加藤博仁「ソーシャルワーク実践を支えるコミュニケーション理論――言語・非言語コミュニケーションの役割」北島英治・副田あけみ・高橋重宏・渡部律子編『ソーシャルワーク実践の基礎理論』有斐閣，2002年，183頁。

11) 坂口哲司『看護と保育のためのコミュニケーション――対人関係の心理学』ナカニシヤ出版，1991年，10頁。

参考文献
原岡一馬編『人間とコミュニケーション』ナカニシヤ出版，1990年。
坂口哲司『看護と保育のためのコミュニケーション――対人関係の心理学』ナカニシヤ出版，1991年。
井上肇監修，野口勝己・飯塚雄一・栗田喜勝編『対人援助の基礎と実際』ミネルヴァ書房，1993年。
深田博己『インターパーソナルコミュニケーション――対人コミュニケーションの心理学』北大路書房，1998年。
津田耕一『利用者支援の実践研究――福祉職員の実践力向上を目指して』久美，2008年。

第3章

福祉現場と組織

1　福祉現場における組織の役割

(事前チェック)　なぜ福祉現場に組織が必要なのだろうか。

組織の重要性

　利用者の自立生活支援に向け、われわれ福祉現場で働く職員は日々努力を重ねている。しかし支援を進めていくうえで、一人ですべての事柄を成し遂げられるわけではない。われわれは、社会福祉に関する相談機関であれ、具体的な福祉サービスを提供する施設や団体であれ、どこかの施設、事業所、機関、団体（以下、施設等）に属し他者と協力しながら業務に携わっている。個々人が勝手に物事を進めているのではない。全体的な統制のもとに、利用者の自立生活支援に向けてお互いが協力しながら、なおかつそれぞれに課せられた役割を責任を持って果たしているのである。

　近年、地域福祉の理論に基づいた支援が進められるなか、各施設等の機能が多様化したり大きくなったりして複雑化している。たとえば、特別養護老人ホームでは、地域包括支援センター、ショートステイ事業、ホームヘルプサービス事業などを併設しているところが多くなった。

　一つの施設等のなかでも、いくつものセクションに細分化されている。相談のセクション、介護のセクション、作業支援のセクション、日常生活支援のセクション、医療・看護のセクションなどの利用者と直接かかわるセクションがあり、また、栄養管理や事務のセクションなど間接的にかかわるセクションもある。施設等は、各セクションの果たすべき役割を明確にし、それぞれの専門性を発揮しながら業務を遂行している。ところが、各セクションが独自に動いていては全体のバランスは崩れてしまう。そこでセクション間の連携を図り全体を統括しなければならない（図3-1）。

　さらに、関係する他の施設等との連携も不可欠となっている。それぞれの事業やセクションがばらばらに動くのではなく、集合体としてまとまりのある動

第3章 福祉現場と組織

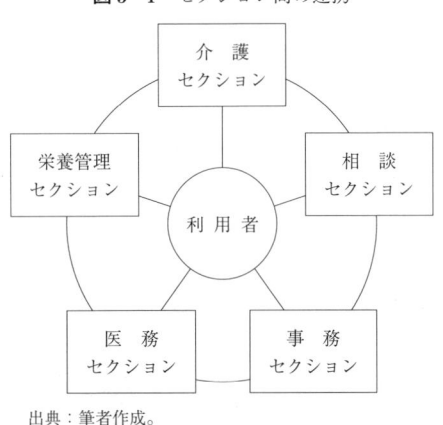

図3-1　セクション間の連携

```
         介 護
        セクション
   栄養管理        相 談
  セクション       セクション
          利用者
    医 務         事 務
  セクション       セクション
```

出典：筆者作成。

きをしていかなければならない。

　第1章で，利用者の自立生活支援が社会福祉の目的となっており，職員の専門性が必要であると述べた。施設等には各セクションにさまざまな職種が存在する。各職種としての専門性を高めていくことは当然のことである。一方で，福祉現場で働く職員としての自覚をしっかりと持っておかなければきわめて縦割りな支援が実践されることになり，本当の利用者支援にはつながらないことも述べた。

　このように施設等は，それぞれの職場で働く職員によって構成されており，地域の人々の福祉の充実や利用者の自立支援という目的に向かって，役割を遂行しているのである。しかも，職場内外にかかわらず関係部署と連携しながら進めているのである。いわば，全体的な統制のもとで業務に当たらなければならないのである。以上のことから，近年，福祉現場においても「組織」といった概念が意識されるようになってきた。

Check Point!　福祉現場で組織が必要視される要因
　▷　福祉職員はどこかの施設等に所属（職場の一員）
　▷　さまざまなセクションによって成り立っている施設等（専門分化）

49

▷ セクション間の連携が必要（統制）
▷ 各セクションの専門職である前に福祉職員であるという自覚の保持
▷ 多様な機能を有する施設等
▷ 他施設等との連携が必要
⇩
総合的な統制下での利用者支援

　従来の福祉現場では、「組織」という概念が希薄であった。施設では、施設長以下皆一般職員といったところも多く存在していた。施設内のサービスで事足りていた時代では問題が表面化しなかったのかもしれないが、これからは組織を意識する必要のある時代となった。施設等は組織力を強化すべきである。そして職員は所属する職場の組織の一員であることを意識しながら働くべきである。福祉現場における組織の意味を正しく理解し、組織人として基本的態度や行動をしっかりと身に付けなければならない。

組織の意味
　「組織」とはいかなるものであろうか。開本浩矢は、組織と人との関係を次のように説明している。すなわち、共通の目的を複数の人が共有し、何かを一緒にやろうという気持ちが生まれ、それによって協働の仕組みが発生し、組織の構築が始まると考えられている。何かを一緒にやろうという協働関係は、複数の人が役割に応じて物事を進めていく分業によって成り立っている。組織を構成する個人は、組織から期待される役割を果たすために責任と義務を負っているのである。いわば、「複数の人が特定の目的に向かって、協力して作業を行うことこそ、組織の存在意義」であるとしている。[1]
　また、『福祉職員研修テキスト——基礎編』では、「組織とは、ある目的を遂行するために、複数の人々が集まった協働の仕組みであり、そこでは、シナジー（相乗）効果の向上が求められる」とされている。[2]
　相乗効果とは、人数以上の働きがあることであり、一人ひとりの力は小さく

第3章 福祉現場と組織

図3-2 組織のキーワード

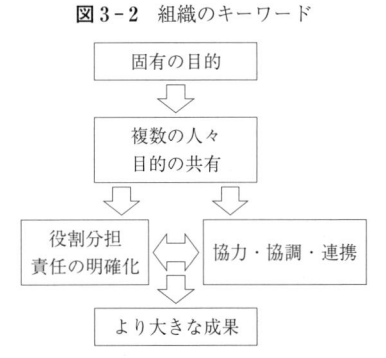

固有の目的
↓
複数の人々
目的の共有
↓   ↓
役割分担   協力・協調・連携
責任の明確化 ⇔
↓
より大きな成果

出典：筆者作成。

図3-3 組織の構造

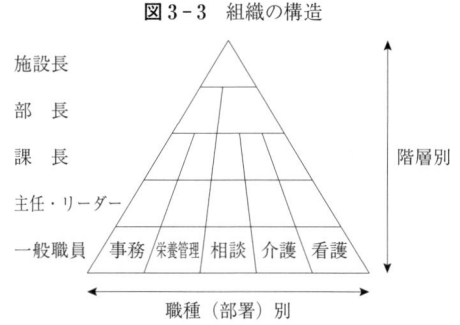

施設長
部長
課長
主任・リーダー
一般職員｜事務｜栄養管理｜相談｜介護｜看護

階層別
職種（部署）別

出典：「福祉職員生涯研修」推進委員会編『改訂 福祉職員研修テキスト──基礎編』全国社会福祉協議会，2002年，29頁をもとに筆者作成。

とも複数のメンバーの協力によってすばらしい成果を生み出すことができる，ということである。具体的には，福祉サービスの質の向上にすばらしい実績を残したり，新しい福祉サービスの創設につながったり，メンバーの動機づけや仕事の質の向上や離職や欠勤の減少につながったり，環境の変化に柔軟に対応できるという組織の適応力の向上につながったり，業務改善や効率化につながったりすることをいう。これらをまとめると，組織を次のように規定することができる。

組織とは，固有の目的を有し，その目的達成に向かって集った複数の人々が，役割を分担し，責任を果たすべく，協力，協調，連携しながら活動していく集団といえる。そして組織には，人数以上のパワーを秘めており，より大きな成果を発揮することが期待されている（図3-2）。

組織の役割分担には，階層別の分業と職種（部署）別の分業とがある。階層別の役割分担とは，たとえば，施設長などの管理責任者，部長，課長，係長，主任，リーダー，一般職員といった役職によって分けるものである。職種（部署）別の分業とは，事務職，相談職，介護職，栄養管理職，看護職といった組織の部署や職種によって分けるものである。階層別と職種（部署）別とが重なり合って組織は成り立っているといえよう（図3-3）。

各職場には組織図があり，職場全体の構成が一目でわかるようになっている。

読者である皆さんの職場の組織がどのような仕組みになっているか一度見直してみる必要があるだろう。

> **ワーク**
> あなたの職場の組織図を書いてみよう。そして，あなたは組織図のどこに位置しているのか確認してみよう。

2　職場の基本理念

事前チェック　あなたは職場の理念を理解できているだろうか。

組織の根幹をなす職場の基本理念

　組織の最初のキーワードである「固有の目的」を達成するために組織は存在している。では，読者である皆さんは，所属している職場の固有の目的とは何かを理解しているだろうか。いわば，職場が何を目指しているのか，ということである。一度考えていただきたい。そこで重要となるのが，各職場の「基本理念」である。理念とは，「何を最高のものとするかについての，その人（面で）の根本的な考え方」という意味である[3]。職場の基本理念とは，組織が最も大切にする考えで，その組織の根幹をなすものである。

　職場の基本理念がなぜ重要なのかを考えてみたい。「私は何のために仕事をしているのだろう」「なぜこのようなことをしなければならないのか，意味があるのだろうか」「私たちの行っていることは，これで良いのだろうか」「みんなバラバラで好き勝手やっている」と悩むことはないだろうか。言い換えれば，仕事の意義や目標が見えていない，各職員が個々人の想いで動いてしまっており，職場が何を目指しているのか見当がつかないといった問題が生じているのである。このような状態が慢性化すると，日々のルーティンワークを消化するだけの職員に陥ってしまう恐れがある。このような職員にならないために，あるいは陥ったときに振り返るために，自分たちが目指していることは何なのか，どこに向かって自分たちは仕事をしているのかを認識し共有することが重要で

第3章　福祉現場と組織

基本理念，方針，実践がバラバラ
では方向が定まらない

ある。

　仕事を続けていくうえで必ずといってよいくらい，自分たちの実践はこれでよいのだろうかと迷ったり，困りごとや悩みごとが生じたりしてくるものである。行き詰まってしまったり意欲が減退しそうになったりすることもあるだろう。このようなときに，自分たちが大切にしているものは何か，何のためにこの仕事をしているのか，目指すべきものは何かということを認識できていれば，ゴールに向かって，日々，自分たちは何をしたら良いのかを考えることが可能となる。ある程度寄り道をしても軌道修正できるのである。ところが，自分たちがどこに向かっているのかわからなければ軌道修正のしようもない。職場の存在意義や原点であり，目指すべき方向であり，実践の裏づけや拠り所となるのが基本理念である（図3-4）。

　むろん，職場には多くの職員が働いている。職場の職員すべてがまったく同じ考え方であるはずがない。各職員の人生観や価値観による解釈の仕方が異なっていて当然である。各職員の考えや物事の進め方は個人差があるにしても，少なくとも目指すべきもの，理想とするもの，実現しようとするものを共有することで，同じ方向に進むことが可能となるのである。職員間の意識の違いやずれを少なくし，意識の統一を図っていくことができる。このような一体感が

図3-4 職場の基本理念

- 設立の趣旨であり、存在意義を表すもの
- 忘れてはいけない基本であり、原点となるもの
- 目指すべき方向（目標）であり、実現するためにあるもの
- 実践の裏づけとなるもの
- 困難に直面したり、迷ったりしたときの拠り所となるもの
- 組織が最も大切にする考えであり、根幹をなすもの

出典：筆者作成。

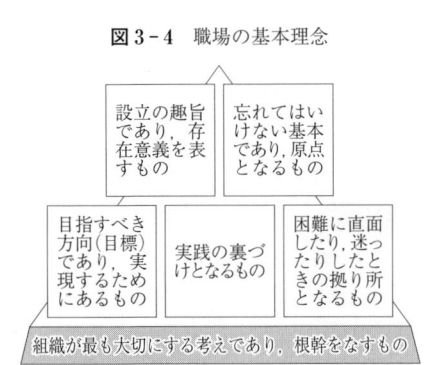

図3-5 職場の基本理念の実現に向けた取り組み

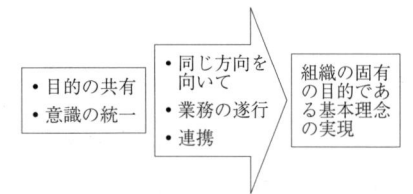

- 目的の共有
- 意識の統一

→

- 同じ方向を向いて
- 業務の遂行
- 連携

⇒ 組織の固有の目的である基本理念の実現

出典：筆者作成。

あると、組織の一員としての帰属意識が高まり、仕事に対して意欲的になるのではないだろうか。

　一方、福祉サービス評価の最初の評価項目は、基本理念に関する項目である。施設等に理念があるのか、現在の社会福祉の考え方に沿ったものとなっているのか、その理念を職員や利用者・家族に周知しているのか、各施設等の運営方針は基本理念に基づいたものとなっているのか、基本理念は提供している福祉サービスに活用されているのかどうかである。職場の基本理念がいかに重要なものか理解いただけたであろう。

　職場の基本理念こそが組織の「固有の目的」であり、基本理念の実現に向け職員集団が、目的を共有し、それぞれの役割と責任を担い相互に協力しながら活動しているのである（図3-5）。

Check Point! 目標を持つことの意味

▷ 壁に手を添えて高くジャンプしてみよう。どこまで飛べたであろうか。
▷ さらに高くジャンプしてみよう。
▷ 今度は、先ほどジャンプできた高さより2cm高いところに線を引き、そこを目指してジャンプしてみよう。
▷ 単に高くジャンプしてみようと言われたときよりも、目標を意識することで、そこに標準を合わせて体勢を整えてジャンプするであろう。助走

しながらジャンプしてみるなど方法を駆使することも可能である。こうすると目標に届く可能性が高くなる。たとえ届かなかったとしても目標を達成できなかったことを自覚することができる。そうすれば次はどうすればよいかを考えることができる。目標が高すぎたのであれば現実的な目標を設定すればよいであろう。

これは業務においてもまったく同じである。

基本理念の実践的理解

基本理念の重要性が認識できたら，次に職場の基本理念がどのようなものか再確認すべきである。各職場には必ず基本理念が存在している。一方，基本理念は崇高なものであり，抽象的な表現となっており，一見わかりにくいものでもある。そこで，いくつかの段階に分け，具体的な意味に解釈して実践レベルで理解する必要がある。

基本理念を少し具体化したものとして，各施設等の経営方針や運営方針がある。その経営方針や運営方針に基づいてサービス原則（たとえば，介護の原則）を作成しているところもある。また，各施設等は年度ごとに事業計画を作成している。さらに，部署内の年間目標や月間目標を定めているところもある。このような流れを経て，利用者支援の実践へと結びついていくのである。この日々の業務を通して，部署内の目標，事業計画，サービス原則，運営方針・経営方針を達成し，基本理念の実現に近づいていくのである（図3-6）。

これらは，一貫性がありすべてつながっているものでなければならない。たとえば，各部署の年間目標や月間目標は単に思いつきで立てるのではない。「この1年間は，理念の○○を意識するために年間目標を実行しよう。そして年間目標を達成するために4月から翌年の3月までの各月の目標を考えよう」という認識のもとに立てていくものである。

基本理念の浸透

日々の業務は，施設等の基本理念の実現に向けた取り組みである。基本理念

図 3-6 基本理念の実践的理解

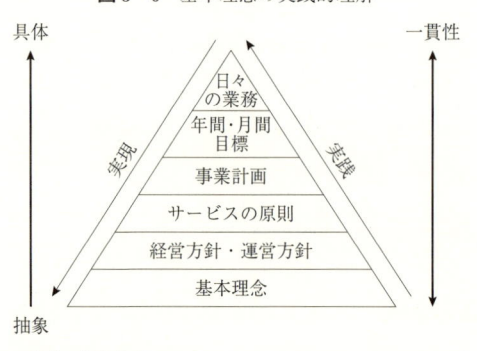

ピラミッド図（下から上へ）：
- 基本理念
- 経営方針・運営方針
- サービスの原則
- 事業計画
- 年間・月間目標
- 日々の業務

左辺：実現、右辺：実践
左軸：具体（上）⇔抽象（下）
右軸：一貫性

出典：筆者作成。

と日々の業務は一体である。組織の一員である職員は、この重要な基本理念の実現に向け業務を遂行しているのである。職員は、基本理念を意識しなければ、どこに向かって進めばよいのかが見えてこないうえ、業務の意義を見出せないであろう。

　しかし崇高な基本理念を一朝一夕に理解し実践できるものではない。職場のなかにどう浸透させていけばよいのだろうか。職員研修で理事長や施設長が意味を説明したり、職員が日々唱和したり、施設等の玄関先や事務所などに掲示したりしているところも多いだろう。施設長は、基本理念を職員に伝達する責務がある。単に唱和するだけで終わったり、文言を伝えたりするだけでは不十分である。基本理念の意図する事柄や意味・内容を施設長の言葉でわかりやすく説明して職員の理解を促していくべきであろう。

―― 基本理念の唱和だけでは不十分な事例 ――

　ある施設では、毎日基本理念を唱和しているそうだが、唱和するにとどまっており、職員は基本理念の文言を思い出せないばかりか、どのような内容なのかもまったく説明できない状態であったそうだ。施設長が、「毎日唱和しているから大丈夫だろう」「説明文章を渡しているから理解できるだろう」といった考えでは一向に浸透しない。施設長が基本理念を重く受け止め、職員への浸透を率先して行っていかなければならない。

第3章　福祉現場と組織

唱和するだけでは理解につながらない

　一方，職員同士でも，基本理念の意図，意味・内容について議論し理解を深めていくべきである。「私は，基本理念とは○○だと解釈している」と意見交換するのもよいだろう。そして，日々の業務を通して「あの職員のあの行動，利用者への対応は，基本理念の○○につながっている」「基本理念に基づいた実践とは具体的にどのようなものか，どう利用者とかかわっていくことかを考えよう」といった原点に立ち返った実践を意識したりすることで基本理念をより身近なものとして理解できるのである。

Check Point!　基本理念の実践的理解
▶　「私は，基本理念を，○○だと思う！」
▶　「あの職員のあのかかわり方，まさに○○（基本理念）だね！」
▶　「私たちのこの実践，まさにまさに○○（基本理念）だね！」

　基本理念を単にことばとして知っているだけではなく，その意味する内容を自分なりのことばで理解することが重要となる。基本理念とは，たとえうまく言語化できなくとも，意識し，自分のことばで理解しようと努力すると，いつの間にか浸透し，心のなかで湧いてくるものである。そうすると，知らず知らずのうちに染みついて，基本理念に沿った思考や行動ができるようになってい

図3-7　基本理念の浸透

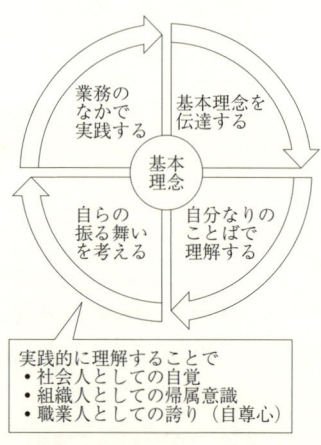

```
         業務の          基本理念を
         なかで          伝達する
         実践する
              ┌─ 基本 ─┐
              │ 理念  │
         自らの          自分なりの
         振る舞い        ことばで
         を考える        理解する
```

┌─────────────────────────────┐
│実践的に理解することで　　　　│
│・社会人としての自覚　　　　　│
│・組織人としての帰属意識　　　│
│・職業人としての誇り（自尊心）│
└─────────────────────────────┘

出典：筆者作成。

くのである。職員としての基本姿勢はどうあるべきか，その組織の一員としてどう振る舞うのか，日々の業務にどう取り組むのか，ひいては服装やことば遣いまでも含め，社会人として，組織人として，あるいは職業人としての姿勢といったことがおのずと見えてくるであろう（図3-7）。この，社会人，組織人，職業人という3つの「人」として成長してこそ福祉のプロといえるのである。

Check Point!　福祉のプロとは

▷　社会人 ┐
▷　組織人 ├⇨　3つの「人」になることで福祉のプロになれる
▷　職業人 ┘

　職場のなかで，基本理念の意味・内容について議論したり実践のなかから意味づけしたりすることで，職員の気づきにつながっていく。この"気づき"が重要である。職員が気づくことで，基本理念に基づいた実践に自信を持つことができるようになるであろう。日々のルーティンワークを消化するだけの職員になるのか，施設等の設立趣旨を踏まえた利用者の自立生活支援を目指す専門

職となるのか，まったく異なってくるであろう。

――― 基本理念を大切にしている施設の事例 ―――

　ある施設では，基本理念を常に意識ながら，一つひとつの施設の取り組みや利用者支援を考えている。基本理念に沿った計画となっているか，実践となっているかを振り返ったり，基本理念を実現するために，「○○をやろう，また○○はしないようにしよう」と職員間で確認し合ったりしている。このような施設は，理事長や施設長が普段から職員に基本理念とその意図するものを伝え，各部署でも理念の意味を各職員のことばで理解しようと努めており，基本理念の実現に向けた取り組みが行われている。そして，何よりも素晴らしいのが，各職員が基本理念を誇りに思っており，基本理念に基づいた実践を意識し，行動に移していることである。

ワーク
① あなたの職場の基本理念はどのようなものか確認してみよう。
② 職場の基本理念をあなたなりのことばで表現してみよう。
③ 基本理念が実践にどう生かされているだろうか，振り返って整理してみよう。

3　仕事の進め方

事前チェック　あなたは，日々の業務の意味や適切な手順を意識しているだろうか。

仕事の目的を理解すること

　基本理念，運営方針に基づき，日々の業務は遂行されていく。したがって，業務はただやみくもに実施するのではなく，業務の意味・目的や内容を理解し，どのように進めていくのかを検討し，業務の結果を整理し，次へとつなげていかなければならない。業務の意図することや内容を理解することの重要性を次の例を通して考えてみよう。

――― 仕事の意味を考える事例(1) ―――

　ある施設では毎年9月にバザーを盛大に行っている。多くの地域住民が参加している。今年度バザー委員になった束村さんは，バザーで多くの収益を得て施設建設

の借金返済に充てようと考えた。バザーや模擬店の販売品は，市販の値段よりも安いうえ，地域住民も福祉施設のバザーの趣旨を理解してくれているだろうと考え，例年よりも寄贈品の販売や模擬店の値段を高く設定した。ところが，課長が値段の設定について見直しを言い渡した。束村さんは，施設のためにと思い値段を設定したにもかかわらず，ストップがかかったことに納得がいかなかった。

そこで，課長は，このバザーの趣旨を改めて説明した。施設がオープンした15年前，地域住民が施設を歓迎し地域ぐるみのバザーを開催してくださった。そのお返しとして，翌年からは施設が地域住民を招待しバザーを開催するようになったのである。よって，借金返済の一部には充当するが，むしろ地域住民に喜んでもらえるような企画を考えてほしいと説明した。

この説明を受けてようやく束村さんは，バザーの趣旨を理解できたのである。地域の住民に喜んでもらえるにはどのような企画にすればよいのか，利益よりも地域の子どもたちが気軽に模擬店を利用できるような値段設定を考え直したのである。

仕事を進めるうえで大切なことは，指示されたことだけを遂行するのではなく，「なぜそうするのか，その仕事の意図するものは何か」「到達点はどこか」といった「仕事の目的」をしっかり理解することである（図3-8）。そうすれば，仕事に対して主体的になることができ，このことがプロとしてのさらなる自覚にもつながっていくであろう。

図3-8　仕事の目的を理解すること

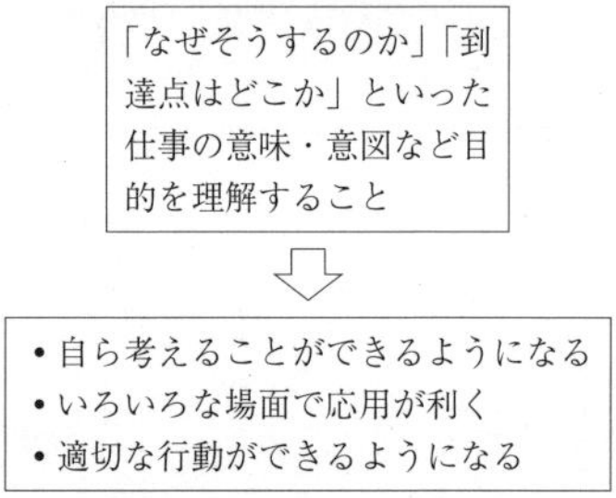

「なぜそうするのか」「到達点はどこか」といった仕事の意味・意図など目的を理解すること

⇩

- 自ら考えることができるようになる
- いろいろな場面で応用が利く
- 適切な行動ができるようになる

出典：筆者作成。

―― 仕事の意味を考える事例(2) ――

ある高齢者施設で利用者の「身体拘束禁止」を掲げているとしよう。身体拘束をなくすために委員会を立ち上げ，身体拘束の意味やなぜ身体拘束がいけないことなのか，身体拘束につながる恐れがある項目についての検討を行った。その内容を職員に説明したり施設内に掲示したりして職員に喚起を促した。この当時の職員は，身体拘束の意味や，なぜいけないのかを十分理解していたかもしれない。

しかし，年月が経過するとともに職員が入れ替わり，本来の意図が薄れていき，「身体拘束禁止」と施設内に掲示された禁止項目だけが受け継がれていった。そうすると新しい職員は，「身体拘束禁止」の意味を理解せず，禁止項目だけを身に付け，掲示されていない項目については身体拘束に該当するのかしないのかの区別が

第3章　福祉現場と組織

仕事の目的を理解してからマニュアル書
を参考にする

つかなくなってしまった。

　なぜ，このようなことが起こるのか。それは，身体拘束とはどのようなもので，なぜいけないのか，といった根本の部分を伝えておらず，単に項目だけが伝えられたためである。本来の意図が伝わっていないのである。同じ行為であっても，ある利用者にとっては身体拘束に該当するが，別の利用者には該当しないこともある。これを単に禁止事項といった項目だけを遵守すればよいといった理解に留まっていると，本来の意図とは逸脱した行為に陥ってしまう危険がある。

　身体拘束とはどのような意味なのか，なぜいけないのかを理解していれば，いろいろな場面で応用が利き，自ずとどのような行為が身体拘束に該当するのか判断できるはずである。

仕事の進め方

　まず，物事を進めていくに当たって，5W2Hを意識することが重要である。業務を行うに当たっての5W2Hを考えてみよう（図3-9）。

　ある上司は，企画書や報告書をチェックする際，「5W2Hが入っているだろうか」と言いながら目を通すそうだ。それくらい重要なものである。

　次に，業務の流れとしては，PDCAサイクルを意識するとよい。われわれは，日々の業務に追われがちだが，ただやみくもに行うものではない。一定の

図3-9 仕事の5W2H

この仕事を、
- When：いつ
- Where：どこで
- Who：だれが
- What：なにを
- Why：なぜ
- How：どのように
- How much：どの程度、どのくらいの費用で

行うのかを整理すること

出典：筆者作成。

図3-10 仕事のPDCAサイクル

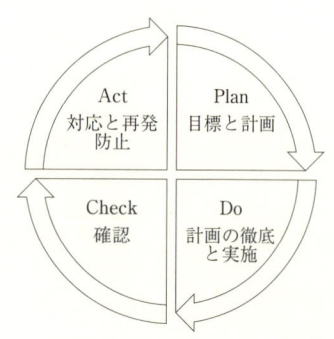

- Act　対応と再発防止
- Plan　目標と計画
- Do　計画の徹底と実施
- Check　確認

出典：「福祉職員生涯研修」推進委員会編『改訂　福祉職員研修テキスト――基礎編』全国社会福祉協議会，2002年，39頁をもとに筆者作成。

目標と計画のもとに系統立てて遂行していかなければならない。

業務を遂行するに当たっては，

① Plan（計画）：何かを行う際，まず目的を理解したうえで，目標を設定し，どのように実施するのか計画を立てる。
② Do（実施）：計画の周知を図り，実施する。
③ Check（確認）：実施した結果を振り返り，達成度を確認し，うまくいった要因やうまくいかなかった要因を探る。
④ Act（対応）：問題の修復を図ったり，次回へ向けての対応策を考えたりする。

このようなPDCAのサイクルに沿って業務を進めていくことになる（図3-10）。

一方，日々の業務については，マニュアルや手順書などを作成し，業務の基準を明確にしておくと，どの職員が対応しても一定の水準が維持されることになる。このように業務を標準化することを業務標準（Standard）という。日常業務は，SDCAサイクルに基づいている。

たとえば，入所施設の職員の勤務形態別に業務内容をマニュアルとして記し周知することで，日々の業務に重複や漏れをなくすことができるようになる。

また、あるこだわりの強い利用者とのかかわりにおいて、手順書を作成することで、どの職員がかかわっても統一された水準を維持でき、利用者の特性を踏まえたかかわりが可能となるのである。

> **ワーク**
> あなたが与えられている仕事の意味、意図などの目的や到達点を再度確認してみよう。

注
1) 開本浩矢編著『入門組織行動論』中央経済社，2007年，3〜6頁。
2) 「福祉職員生涯研修」推進委員会編『改訂　福祉職員研修テキスト──基礎編』全国社会福祉協議会，2002年，29頁。
3) 金田一京助他『新明解国語辞典（第5版）』三省堂，2002年，1469頁。

参考文献
人事院研修指導課『人事院式監督者研修（JST）基本コース──自己啓発教材──よりよきリーダーを目指して』社団法人日本人事管理協会，2000年。
津田耕一『施設に問われる利用者支援』久美，2001年。
「福祉職員生涯研修」推進委員会編『改訂　福祉職員研修テキスト──基礎編』全国社会福祉協議会，2002年。
「福祉職員生涯研修」推進委員会編『改訂　福祉職員研修テキスト──指導編』全国社会福祉協議会，2002年。
「福祉職員生涯研修」推進委員会編『改訂　福祉職員研修テキスト──管理編』全国社会福祉協議会，2002年。
開本浩矢編著『入門組織行動論』中央経済社，2007年。
津田耕一『利用者支援の実践研究──福祉職員の実践力向上を目指して』久美，2008年。
ジョセフ・S・ナイ，北沢格訳『リーダー・パワー──21世紀型組織の主導者のために』日本経済新聞出版社，2008年。
フランクリン・コヴィー・ジャパン編著『協力する力』キングベアー出版，2009年。

第4章

階層別にみる組織上の役割

1　階層別に求められる役割や能力

(事前チェック)　階層別によって，どのような能力が求められるのだろうか。

　組織のなかで各階層に位置する職員はどのような役割を担っているだろうか。階層に応じて役割や求められる能力が異なっている（図4-1）。新任，中堅職員，ベテラン職員に限らず役職についていない一般職員は，職種として携わっている業務に関する専門知識や技術が多く求められている。主任などのリーダークラスになると，日々の業務に関する専門知識や技術に加え，判断能力が求められるようになる。課長や施設長などの管理職になると，施設等の運営や経営など物事を総合的に判断する総合判断能力が多く求められるようになる。いずれの階層も対人関係能力はほぼ等しく求められることが理解できるであろう。

(ワーク)
あなたは，職場でどのような能力が求められているだろうか。

2　新任職員――期待の星

(事前チェック)　新任職員は，どのようなことを身に付けなければならないだろうか。

社会人としてのマナー

「働く」とは，「自分の生活を支え，世の中に貢献すること」である。仕事は，やらされるのではなく，主体的に行うものである。新任職員は，社会人，組織人，職業人としての基礎を学ぶ時期である。まずは，社会人としての自覚をしっかりともち，

身だしなみを整えて仕事に就く

第4章　階層別にみる組織上の役割

図4-1　職員に求められる能力

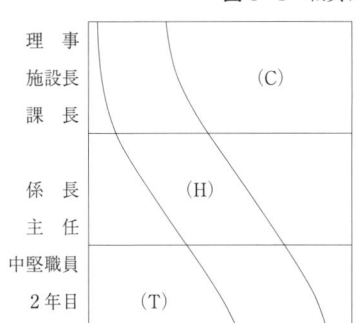

```
理　事
施設長          (C)
課　長

係　長          (H)
主　任

中堅職員
2年目           (T)
新人職員
```

C（Conceptual Skill）；総合判断力
H（Human Skill）；対人関係能力
T（Technical Skill）；日々の業務に関する
専門的知識や技術

出典：人事院事務総局編『監督者の研修
　　　　——JST基本コース指導参考書』社
　　　団法人日本人事管理協会，1992年，
　　　3頁をもとに筆者作成。

表4-1　社会人として心得ておくべきマナー

時間厳守	仕事には時間ぎりぎりではなく，ゆとりを持って出勤する。
業務に向けた準備	始業前には所定の部署につき，申し送り事項や1日の予定を確認し，その日の職場（部署）の動きと自分自身の仕事の段取りを頭に入れておく。
挨拶励行	出勤時や退勤時の挨拶，他の職員，利用者，家族，関係者などと出会ったときの挨拶，人に呼びかけられたときの返事，人に迷惑をかけたときのお詫び，援助や協力を依頼するときのお願いやお礼を言えるようにする。 挨拶のポイント²⁾ ・明るく，元気よく，笑顔で，自分から。 ・ことばははっきり言う。 ・相手の目を見ながら。 ・ことばを言ってからおじぎをする。 ⇨一番大切なのは，心を込めて挨拶をすること。
身だしなみ	社会人として，職業人として清潔で働きやすい職場に合った容姿，服装など相応しい身だしなみを整える。
ことば遣い	社会人として尊敬語，謙譲語，丁寧語を使い分ける。
接し方	社会人として相手に対して敬意を表し，節度ある態度で利用者，家族，他の職員，外部の関係者に接する。
電話応対	電話が鳴ったら素早く取り，要件の確認や取次など適切な対応を行う。
仕事に対する責任	与えられた業務は責任をもってやり遂げる，業務に関しては報告・連絡・相談（ホウレンソウ）を忘れずに行う，遅刻・無断欠勤のないようにする，万が一遅刻や欠勤しなければならないときは始業時間までに連絡を入れる。
職場規律の順守	就業規則，職務分掌，その他の規定集の理解を深める。
心　得	職場内で公私混同しない，仕事中の私物の持ち込みや物品の私物化をしない，業務中は業務に専念する，健康管理に気をつける，明るく元気に振る舞う。

出典：「福祉職員生涯研修」推進委員会編『改訂　福祉職員研修テキスト——基礎編』全国社会福祉協議
　　　会，2006年，30～35頁，ビジネス実務研究会編『新社会人のための仕事の基本——ビジネスマナー
　　　編』日本能率協会マネジメントセンター，2007年，48～61頁を参考に筆者作成。

社会人としてのマナーやルールを守ることが求められる。挨拶をする，時間を守ることは当然のこととして，容姿や服装などの身だしなみ，電話応対や接客などの接遇も身に付けていかなければならない。上司，先輩職員，同僚，外部の関係者，利用者，家族へのことば遣いや接し方は社会人として適切なものかどうか，自己チェックするとともに周囲の人から評価を受けることも大切である。

　一般企業向けに書かれた社会人のマナー，接遇，仕事の進め方といった教科書を熟読して社会人としての意識を高めていくことが大切である（表4-1）。

組織の一員

　次に，組織の一員として組織の意味，所属する組織の基本理念について理解を深める。そして，自分自身が組織のなかのどこに位置しているかも承知する必要がある。各施設等には組織図がある。職場全体がどのような組織構成になっているのか，そのなかのどの部門のどのセクション，どの主任の下に位置づけられているのかといった組織全体の理解と自分自身の位置確認が必要である。この複眼的視点での理解ができて，初めて日々の業務の意義が見えてくるのである。

　このことを理解したうえで，職員として与えられた業務内容を理解し，遂行する力を身に付けていくこととなる。たとえば介護職であれば，日々の介護業務を中心に標準的な仕事の流れを把握するとともに，担当部署の利用者一人ひとりの心身の状態や介護方法，かかわり方など利用者理解を深めたうえで支援の方法を習得することになる。また，日々の定型化された日常の業務とは異なるさまざまな行事など多様な業務もあるので，一定の期間での業務の流れを理解する必要も生じてくる。

　新任職員は，組織が円滑に機能するために上司の方針に基づいて与えられた任務を遂行するのであり，積極的に組織の一員として参加することが求められている。初期のころは，いきなり自分一人で行うことは困難なので，先輩や上司から指示を受け，あるいは模倣しながら業務を遂行しやがて独り立ちしてい

くのである。職場によっては，新任職員に教育係をつけて業務の手順を指導，助言したり相談に乗ったりしているところもある。

　次に，組織の一員として押さえておかなければならないことは，組織の方針や決定事項には従い，率先して業務に当たるということである。ときには，自分の意見や考えとは異なった方針が出されたり，決定がなされたりすることもある。その過程において意見を述べることは重要である。組織として，職員一人ひとりの意見は尊重されるべきものである。しかし，すべての職員の意見がまったく同じであるということはなく，多様な意見のなかから管理職が判断するのである。したがって，自分自身の考えや意見とは異なる決定がなされたとしても，組織の一員である以上その方針や決定に従わなければならない。意に沿わないからといって自分勝手な行動をとっていては組織は成り立っていかない。

職業人としての自覚

　新任職員は，職員集団のなかでは「私は新任職員だから…」といえるかもしれない。しかし，利用者や家族に対して「私は新任だから○○ができません」「○○についてはわかりません」といっても通用しない。利用者や家族の立場からすると，担当職員に「私，新任だからわかりません」と言われたらどう思うだろうか。「この職員大丈夫だろうか」と不安になるのではないだろうか。

　組織のなかでは，新任だから許される部分はあるかもしれないが，利用者，家族の前では「私は新任だから」ということをあまり強調しないで，あくまでも一人の職員として対応していく姿勢が大切である。そして，本当に利用者や家族から信頼してもらえる職員となるには，自分自身を高めていかなければならない。いろいろなことに相談に乗ってくれる，機敏な対応をしてもらえる，わからないことがあっても確実に確認して返事をもらえる，となれば利用者は安心するだろう。社会人，組織人としての振る舞いは当然のことながら，職業人としてそれぞれの職種の専門性を高めていく努力を怠ってはならない。

図4-2　新任職員の強み

- フレッシュな目
- 慣例にとらわれない
- 創造性豊か
- 中　立(派閥に巻き込まれない)
- 笑　顔
- 明るい，元　気，活　発

⇩

①職場活性化の起爆剤
②次世代を担う財産

出典：筆者作成。

図4-3　小さな改善の第一歩

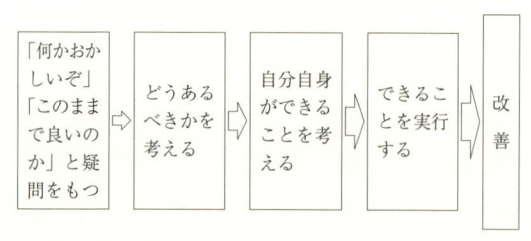

「何かおかしいぞ」「このままで良いのか」と疑問をもつ ⇒ どうあるべきかを考える ⇒ 自分自身ができることを考える ⇒ できることを実行する ⇒ 改善

出典：筆者作成。

新鮮な感覚を持つ新任職員

　一方多くの新任職員は，社会福祉の仕事に魅力を感じ希望を持っている（はじめに参照）。それだけ社会福祉の仕事に対する期待度も高いはずだ。夢を抱いての仕事である。よって新任職員は，フレッシュな目で組織を見ることができる。これまでの組織の常識が必ずしも望ましい姿とはいえない場合も多い。習慣化している職場にクリエイティブな発想で新たな風を吹き込み，職場を活性化する起爆剤ともなれる存在である（図4-2）。

　新任時代に感じていた事と同じ疑問を後輩が投げかけたとしよう。そのようなとき，後輩に「私も新任時代に感じていたが，どうしようもない」「そのうち慣れるから大丈夫」といった形で投げ返すとするならば，組織は一向に進歩しないであろう。

　いきなり大きな変革をもたらすことは無理でも小さな改善から始めよう（図4-3）。どんな小さなことでもよいから，まず一人で取り組めることから始めてみよう。一石を投じることで波紋が広がり大きな波になるかもしれない。たとえば，障害者支援施設で利用者の呼称を意識し，特別な理由がない限り「ニックネーム」や「ちゃんづけ」を改め，「さんづけ」で呼ぶ，といったことは一人からでも始められるものだ。重度知的障害のある利用者に対してもきっちりと「さんづけ」で名前を呼び，一人の大人として接することを貫き通して，利用者本人や家族から信頼を得ることができるならば，きっと周囲の職員の気

第4章 階層別にみる組織上の役割

づきにつながっていくだろう。

―― 何かが足りない新任職員の事例 ――

　介護職員の藤本さんは，今年就職したばかりの1年生介護職員である。大学では社会福祉を専攻し，社会福祉士でもある。仕事の手順も手早く，要領もよく，複雑な仕事も早く覚えテキパキと遂行している。いわゆる指示待ち職員ではなく，自分で考え判断して仕事を行うことができる。利用者にも積極的に働きかけ，笑顔で丁寧に接している。利用者からの評判も良いようだ。ところが，そのような藤本さんの仕事ぶりを見て，主任は快く思っていない。ことあるごとに注意をして藤本さんの行動を戒めようとする。藤本さんは，やるべき事をきっちりやっており，利用者からも信頼されているのになぜ自分が注意されるのか理解できない。一生懸命やっている自分を主任が評価してくれなくて，大変寂しい思いをしている。

　この事例を読んで皆さんはどう思われたであろうか。一生懸命仕事をしている藤本さんがなぜ主任から評価されないのか，おかしい，と思われたかもしれない。事例をみる限り藤本さんの言動には問題はなさそうだが，組織の一員であることを忘れ，思いつきで自分勝手に振る舞っているのかもしれない，他の職員との調和がとれていないのかもしれない。業務を適切に遂行することは不可欠であるが，自分一人で仕事をしているのではない。組織の一員としての動きを忘れてはならない。

　一方で，組織が利用者の権利・利益を侵害するような方向に進もうとしている場合もある。このようなときは，職業人としてあるべき方向について意見を述べるべきであり，職業人としてのアイデンティティを優先してほしい。

Check Point! 　新任職員としての心得
　▷　社会人としてのマナーを守る（社会人）
　▷　組織の一員として，組織の意味，所属する組織の基本理念を理解したうえで，職員として与えられた業務内容を把握し，遂行する力を身に付ける（組織人）
　▷　職種のプロとしての自覚をもって業務に当たる（職業人）
　▷　職場活性化の起爆剤として新鮮な目で職場の問題を意識する

> **ワーク**
> 新任職員であるあなたは職場のなかで，どのような役割を担っているだろうか。また，あなた自身ができていること，まだ不十分で足りないことは何だろうか。振り返って整理してみよう。

3 中堅職員──部署の中核

事前チェック 組織のなかでの中堅職員の役割とはどのようなものだろうか。

部署を活気づけ機動力となる中堅職員

中堅といわれる職員は，職場のなかで最も多くの人数を占めており，職場の第一線で働く最大勢力である。一般的に中堅職員とは勤務年数3年目以上の一般職員を指すが，本書では10年以上勤務するベテラン職員を含めて役職に就いていない職員の総称としてとらえ，中堅職員の組織上の役割について理解を深めていくこととする。よって，一口に中堅職員といっても非常に幅広い職員層が該当するのである。

3年目以上の中堅職員になると，日々のルーティンワークは一通り習得でき，年間を通じての業務も経験している。中堅職員は，日々のルーティンワークに関しては自ら判断できるようになっている。日々のルーティンワークは，この中堅職員によって成り立っているといっても過言ではなかろう。中堅職員は，業務を円滑に進めていくために現場をどう動かしていくのかを考え実行に移す機動力として大きな威力を発揮するのである。

その点で，職場の基本理念を実践に結びつける功労者は中堅職員だといえる。基本理念は，施設長が力説しても実践されなければ意味をなさない。基本理念を具体的な形にするのは現場であり，その中核を担っているのが中堅職員なのである。

また，新任職員や後輩職員の良き手本であり，指導者であり相談者でもあり，教育係を担ったりもする。中堅職員は，自らが業務を率先して行うと同時に，

第4章　階層別にみる組織上の役割

図4-4　中堅職員の役割

- 各部署の機動力
- 部署の中核
- 部署のまとめ役
- 職員間の調整役
- 新任や後輩職員の良き手本，指導者，助言者，相談相手，見守り的存在
- 主任と新任や後輩職員とのパイプ役
- 主任の補佐

⇩

部署を活気づける原動力

出典：筆者作成。

図4-5　中堅職員の組織上の位置づけ

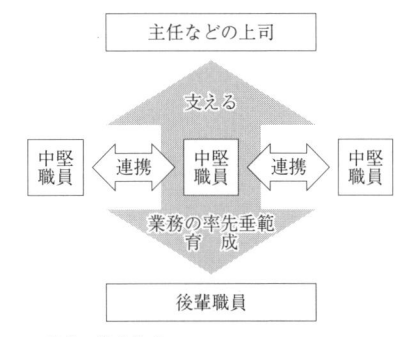

主任などの上司
↕ 支える
中堅職員 ⇔ 連携 ⇔ 中堅職員 ⇔ 連携 ⇔ 中堅職員
↕ 業務の率先垂範／育成
後輩職員

出典：筆者作成。

　職制上，上司ではないが現場ではリーダー的存在として新任や後輩職員の育成に当たる立場でもある。よき模範であり，指導者であり，相談相手であり，的確な助言者であり，温かく見守ってくれる存在でもある。新任や後輩職員にとっては，上司といった堅苦しい立場ではなく，先輩としてかつ日々業務をともに行う良き相談者として頼りになる存在である。

　一方，主任からの意向を新任や後輩職員に伝達したり，現場で実践したり，現場の状況や新任や後輩職員の状況をリーダーである主任に伝達する役割も担っている。いわば，現場を引っ張ったり，主任などの役職者と新任や後輩職員とのパイプ役であったりする（図4-4）。

　1～2年目の職員のなかには上層部や主任の意向を十分理解できていないこともある。中堅職員は，施設等の上層部や主任の意向をわかりやすいことばに置き換え，1～2年目の職員が理解できるように伝え，具体的に実践につなげていく役割を担っている。そして，現場の実情を主任に伝達するという役割もある。主任クラスになると常に現場にいるわけではない。主任が現場の実情を細部にわたって掌握したり職員の動きを把握したりするには限界がある。1～2年目の職員からすると，主任クラスの職員は遠い存在なので直接，報告，連絡，相談しにくいかもしれない。そこで，中堅職員が現場の実情を主任に伝え必要に応じて意見具申することで，主任は現場や職員の状況を把握でき，適切

な問題対処が可能となるのである。

　さらには，主任の業務を支えたり，主任が不在のときには代役を担ったりするなど補佐役も担っている。まさに主任の右腕ともなる存在である。その意味で，補佐役を担う中堅職員は，次期リーダー候補として現場の実情を踏まえつつも，主任などリーダーの立場や気持ちを理解しつつ，一つ上の立場でものごとを考える能力も求められてくるのである（図4-5）。

中堅職員の抱える問題

　素晴らしい実践を行っている中堅職員が多くいることは事実である。役職には就いていないが，現場で他の職員の模範となって組織を支えているのである。その反面，業務に慣れてルーティンワークは遂行できるが，何事にも「慣れ」で仕事を行ってしまう危険性もある。利用者本位や利用者主体が疎かになり，とかく職員主導で物事を進めようとする時期でもある。

　新任職員だったころ抱いていた仕事に対する想いを持続しているだろうか。あるいは，疑問に感じていたことに無感覚になっていないだろうか。力を入れるところと抜くところのメリハリをつけることは重要であるが，「早くやってなんぼの商売」といったことばがあるように，要領よく業務を遂行することだけを優先しないよう自省する必要もある。

　また，一生懸命やろうとしても思い通りにならないことを実感するのも中堅職員である。利用者本位の支援を実践したいが限界があり，無力感に陥ったりもする。「上司が悪い，上司に理解がない，上司に福祉に対する熱意が感じられない，上司にビジョンがない」など上司批判とあきらめムードに陥ってしまうこともある。上司批判は簡単だが，利用者の自立支援を担う専門職であるという自覚のもと，今の立場で何ができるかを考え，行動するといった前向きな姿勢を持ち続けてほしい。

　中堅職員は，幅広い階層でもある。3年から5年の経験年数で主任の補佐や主任候補と目されている職員もいる。一方で，中堅職員，ベテラン職員だといわれていても組織上明確な役割が規定されているわけではないので，組織上曖

中堅職員は良き先輩である

昧な立場でもある。新任職員の教育係であるが指示命令系統の上司ではない。権限があるわけではない。組織のなかで最も職員数が多い階層だけに，直接的な教育係を担っていない中堅職員や組織上のリーダーである主任候補になっていない中堅職員もいる。このような立場にいる中堅職員は，自らの役割を見失ったり，見出せなくなったりしていることも事実である。

　以上，中堅職員は，職場のなかで数も多く，影響力のある存在である。新任職員や後輩職員は，中堅職員の背中を見て育っている。中堅職員のひたむきな仕事ぶりをみて新任職員や後輩職員は仕事に対して誠実で熱心に取り組もうとするのである。中堅職員が意欲をなくし，消極的な態度で仕事を進めていくと部署全体に悪い影響を及ぼしかねない。意欲のない中堅職員のもとではやがて新任職員や後輩職員も意欲を減退させてしまい，職場全体が進展しないばかりか沈滞化してしまうであろう。

　このように中堅職員の姿は知らず知らずのうちに新任職員や後輩職員に伝達されていくものであり，これによって部署が活気づいたりあるいは沈滞化したりもするのである。初心に立ち返り，前向きな姿勢を整え自らの業務を見直していく時期でもある。

> **ワーク**
> 中堅職員であるあなたは，職場のなかでどのような役割を担っているだろうか。振り返って整理してみよう。

4　主任級職員——組織の要

事前チェック　組織のなかでの主任級職員の役割とはどのようなものだろうか。

　主任級職員とは，主任やユニットリーダーなどを想定している。主任級職員は，現場のリーダーといえる。リーダーは組織の"要"であり，主任級職員の力量によって現場が機能するか否かが決まってくるといっても過言ではない。リーダーの組織のなかでの果たす役割はきわめて重要なものといえる。職場全体の方針に従って，担当する部署やチームの目標，方針，計画を策定し，業務の管理を行っていく。現場に入るものの，現場にどっぷりとつかるのではなく，少し離れた立場で冷静に現場をとらえ，一般職員（メンバー）の指導・教育といった人財育成を行ったり，相談に応じたり，軌道修正を行ったり，日々の業務に関する物事の判断を行ったりする役割を担っている。組織のなかでのリーダーの業務は，上司の補佐，部署間の連携，メンバーの育成，仕事の管理，仕事の改善などが挙げられる（図4-6）。

　リーダーは，管理職とメンバーとのパイプ役であり，管理職の方針や意向をメンバーに伝えたり，逆にメンバーの想いを代弁し管理職に伝えたりして，組織のコミュニケーションを円滑に保つ役割も担っている。いわば調整能力が求められてくる。現場が手薄のときには，直接現場に入って業務を回していくこともある。いわゆるオール・ラウンド・プレイヤーとしての能力が求められるのである。なかでもメンバーとの関係が重要であり，メンバーの積極的な参加を通して業務を遂行するのであり，組織を活性化するためにはメンバーの業務に対するモチベーションを高めたり，業務を円滑に遂行できるようにしたり，メンバーの育成を行ったりする（図4-7）。

第4章 階層別にみる組織上の役割

主任は頼りになるリーダーである

図4-6 リーダーの役割

- 管理職とメンバーとのパイプ役
- メンバーの働きやすい環境づくり
- 部署間・職員間の連携,調整役
- 新任や後輩職員の育成係
- 仕事の割り振り,仕事の管理
- 上司の補佐

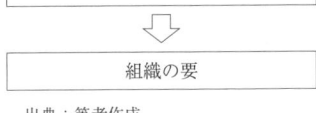

⇩

組織の要

出典:筆者作成。

図4-7 リーダーの組織上の位置づけ

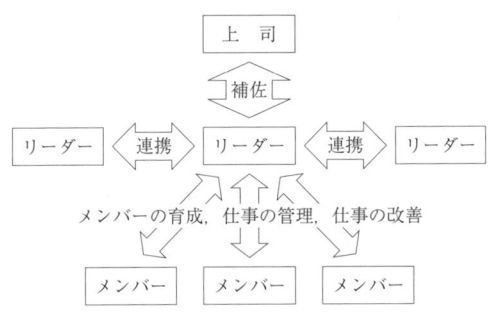

上　司
⇅ 補佐
リーダー ⇔ 連携 ⇔ リーダー ⇔ 連携 ⇔ リーダー
　　　　　メンバーの育成,仕事の管理,仕事の改善
メンバー　　メンバー　　メンバー

出典:筆者作成。

　近年,福祉現場では採用した職員をいかに育てていくのかが大きな課題となっている。その意味でも,メンバーの育成はきわめて重要な役割だといわれている。そして,メンバーの働きやすい職場環境づくりこそがリーダーの役割だともいえる。その意味で,リーダーシップの発揮が要求される。
　リーダーに求められる能力として,日々の業務に関することや現場の出来事についての判断能力,組織内の対人関係能力やメンバーへの指導力,現場に携わる実践能力,それぞれの能力がバランスよく求められるポジションでもある。

77

> **ワーク**
>
> リーダーであるあなたは，職場のなかでどのような役割を担っているだろうか。振り返って整理してみよう。

5　課長級職員——組織の統括者

事前チェック　組織のなかでの課長級職員の役割とはどのようなものだろうか。

　課長級の管理職員になると，部署を超えて一つの課を統括する立場になる。職員の採用計画や昇任・昇格，人事考課といった人事管理はもとより，課全体の業務が円滑に流れているかを常に監視する労務管理が入ってくる。広い視野で物事を見る目が要求される。また，財政面にも目を向ける必要があり，財務管理や資産管理の能力も求められる。一方で人財育成も担っている。したがって，日々の業務に専念するというよりも広い観点で課全体を見ながらなおかつ職場全体がどのような方向性に進むのかを職場のメンバーに指示する役割を担っている。

　業務の指示を出すに当たっては，業務内容を依頼するだけでなく，業務の目的や達成度，そして方針を明確に伝えることが重要となる。また，現場職員では判断のつかない重要な案件について判断し，現場に的確な指示を出すことも重要な役割である。課長級職員は，課全体に対する権限と責任を負っているのである（図4-8）。特に課長級職員は，人財育成において重要な役割を担っている。担当する課の主任やリーダーなどの育成を意図的に行うとともに，主任やリーダーが仕事しやすいようサポートするなど環境調整を行うことになる。

　ここで心得ておかなければならないことがある。課長級職員になるとある程度の権限が付随するが，決して権力を笠に着るようなことをしてはならない。逆に，なすべきことは責任をもって取り組まなければならない。したがって，しっかりとした信念のもと冷静な判断と一貫性のある言動を兼ね備えておかなければならない。

第4章 階層別にみる組織上の役割

課長は大きな発言力を持っている

図4-8 課長級職員の役割

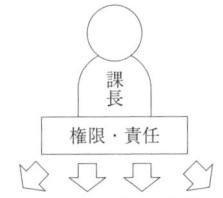

課長
権限・責任
⇩⇩⇩⇩
しっかりとした信念による冷静な判断と一貫性のある言動

| 人事管理 | 労務管理 | 財務管理 | 資産管理 | 人財育成 |

出典：筆者作成。

―― 一貫性のない課長の事例 ――

　職場の業務改善について職員から意見が出された。この意見を集約した主任が課長のところへ相談に行った。説明を聞いた課長は、「現場がそうしたいのならそれでよい」と返答し、次回の会議で議題に出すことになった。この会議には施設長も参加している。会議の当日、主任が業務改善についての部内の意見を説明すると課長が「そのようなやり方では一向に改善が見られないのではないか。もっと違ったやり方を検討すべきだ」と意見を述べた。主任は、事前に課長の了解を得ているのになぜ反対意見を述べるのかまったく理解できず、その場では何も言い返すことができなかった。このようなことが何度か繰り返されると主任はまったく課長を信頼

することができず，双方の信頼関係が大きく崩れてしまった。

課長は主任から説明を受けたときに十分理解できていなかったのだろうか。「それでよい」とは言ったものの，本心は同意していなかったのだろうか。まったく忘れてしまったのだろうか。いずれにしても会議だけを見ていると，課長と主任の意見が食い違っており，施設長は「どうなっているのか」と不思議に思ったことだろう。

事前に説明を受けているのだから，課長として現場の声をしっかりと聞き取り，主任の意見をフォローしなければならないはずだ。会議の席上で思いついた点があったのなら，事前に説明を受けていたことを踏まえた発言をすべある。そうでないと，主任は「裏切られた」と思うかもしれない。役職者の発言は，大きな意味を持っている。その場その場で発言内容が異なってくると現場の職員は混乱するだけである。現場職員は，役職者の発言が信じられなくなり，不信感を抱くだけである。役職者には一貫性のある発言が求められてくる。

── 無責任な課長の事例 ──

ある施設で職員のミスによって問題が発生した。課長は職員を呼び状況把握を行った。そして，状況報告と問題に対処するために2人で施設長を訪問した。課長は職員自身に状況報告をさせ，施設長の前で厳しく注意した。課長は，施設長に対して今回の問題はすべて担当職員の勝手な判断や不手際によって生じたもので担当職員の責任だと主張し，責任逃れをするような発言ばかりを繰り返した。その後，職員は，失敗を恐れ決められた業務を機械的にしか遂行できなくなってしまった。

課長の管理責任をないがしろにして，一人の職員の責任として処理すると，現場は安心して業務に専念できない。課長級職員になると，権限と責任が付随しているので，職員に権限を委譲し職員の主体性を尊重すべきである。「失敗した場合，責任は自分が取るから安心して業務に携わってほしい」といったことばがけが必要であり，何か問題が発生した場合，自分自身の責任として認識し問題の対処に当たるべきである。そして，職員の功績は，自分の手柄にするのではなく，職員の手柄として上司に報告すべきである。それが人を管理するものとしての責務である。

> **ワーク**
> 課長級職員であるあなたは，職場のなかで権限と責任に基づいて果たすべき役割を遂行できているだろうか。
> 振り返って整理してみよう。

6　施設長・所長──組織の最高責任者

事前チェック　組織のなかでの施設長・所長の役割とはどのようなものだろうか。

　施設長・所長はその施設等全体の最高責任者である。世のなかの動きがどうなっているのか，社会福祉の動向がどうなっているのかを常に睨みながら，福祉サービスの質の向上を目指して施設等はどうあるべきかを模索し，職場のメンバーに伝達することが重要な役割である。基本理念や経営方針，運営方針を現場に伝達し，中長期的なビジョンをもってあるべき方向を見定め，そのことを適切に遂行していくための計画を策定していくことになる。課長級職員に求められた運営管理，人事管理，労務管理，財務管理や資産管理，人財育成の責任者でもある。

　そして，施設内の重要案件についての判断を下したり（意思決定），組織全体の責任を取ったりする役割でもある。施設長・所長は，物事を判断する権限があると同時に責任も付随してくる。責任には，何か問題が起こった場合の「取るべき責任」とより質の高い福祉サービスを提供し施設等の発展を目指すといった「果たすべき責任」がある。[3)4)]

　一方，外部の団体との連携を保つことも重要な役割である。法人の理事会や評議員会，同業種の団体の会合に出席したり，関係団体の役員や委員を務めたりするなどして幅広い見識をもち，社会福祉の増進に貢献している（図4-9）。

　施設長・所長には施設経営が求められている。この経営とは，資金を確保し収支のバランスを保つという金銭管理だけではなく，いかに質の高い福祉サービスを提供できるか，そのための人財確保，人財育成，設備投資，事業の展開などが含まれている。

図4-9 施設長・所長の役割

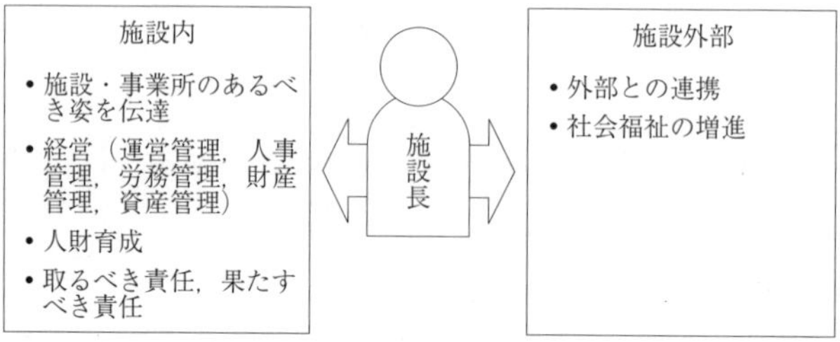

```
┌─────────────────┐       ┌─────────────────┐
│      施設内      │       │     施設外部     │
│・施設・事業所のある│   ⇔   │・外部との連携    │
│  べき姿を伝達    │ 施設長 │・社会福祉の増進  │
│・経営（運営管理，人事│     │                 │
│  管理，労務管理，財産│     │                 │
│  管理，資産管理） │       │                 │
│・人財育成        │       │                 │
│・取るべき責任，果た│     │                 │
│  すべき責任      │       │                 │
└─────────────────┘       └─────────────────┘
```

出典：筆者作成。

身近な情報を素早く収集する施設長の事例

ある施設長は，夕方になると夕刊を事務所で待ち受け，隅から隅まで目を通し，職員に記事の内容を伝えるのが日課となっている。現場の職員は忙しく走り回っているのに，施設長は，新聞を読んでいる。誰もが「この忙しい時間帯に新聞を読む暇があるのなら少しは現場を手伝ってほしい」と思うことだろう。しかし，目を通す新聞は地方紙である。施設長は，世の中の動きやその地方の出来事に素早く目を通し，業務に関係することならばその対策を考えているのである。単に暇つぶしや興味本位で新聞を読んでいるのではなく，大きな流れを把握する手段として新聞紙に目を通しているのだ。しかも記事の内容を職員にも伝えており，職員にも情報の共有を図っている。施設長としての役割を果たしているといえよう。

外部との連携を大切にしている施設長の事例

ある施設長は，不在なことが多く，実質的なことは副施設長に任せているようだ。同業種の会合に出席したり，役所に赴いたりして何やら打ち合わせを行っている。普段，現場職員と顔を合わすこともあまりない。しかし，外部関係機関と連絡を取り合って最新の情報を入手したり，施設をよりよい方向に導いたりしているのも事実のようだ。施設のなかだけに目を向けるのではなく，外にも目を向け，広い視野で施設経営を考えるのも施設長の役割である。

ワーク

施設長であるあなたは，「果たすべき責任」および「取るべき責任」をしっかり意識して遂行できているだろうか。

注
1） ビジネス実務研究会編『新社会人のための仕事の基本——ビジネスマナー編』日本能率協会マネジメントセンター，2007年，14頁。
2） 同前書，56頁。
3） 津田耕一『施設に問われる利用者支援』久美，2001年，156頁。
4） 久田則夫「プロとして『果たすべき責任』を把握し，現状打破を実現せよ——辛くとも現状直視から改善の第一歩は始まる」『月刊福祉』2002年3月号，2002年，46〜49頁。

参考文献

人事院事務総局編『監督者の研修——JST基本コース指導参考書』社団法人日本人事管理協会，1992年。

人事院研修指導課『人事院式監督者研修（JST）基本コース——自己啓発教材（よりよきリーダーを目指して）』社団法人日本人事管理協会，2000年。

津田耕一『施設に問われる利用者支援』久美，2001年。

「福祉職員生涯研修」推進委員会編『改訂　福祉職員研修テキスト——基礎編』全国社会福祉協議会，2002年。

「福祉職員生涯研修」推進委員会編『改訂　福祉職員研修テキスト——指導編』全国社会福祉協議会，2002年。

「福祉職員生涯研修」推進委員会編『改訂　福祉職員研修テキスト——管理編』全国社会福祉協議会，2002年。

ビジネス実務研究会編『新社会人のための仕事の基本——ビジネスマナー編』日本能率協会マネジメントセンター，2007年。

ジョセフ・S・ナイ，北沢格訳『リーダー・パワー——21世紀型組織の主導者のために』日本経済新聞出版社，2008年。

日本能率協会マネジメントセンター編『ビジネスマナーがかんたんにわかる本』日本能率協会マネジメントセンター，2009年。

『月刊福祉』2010年5月号，全社協，2010年。

第5章

職場のチームワーク

1 チームワーク

事前チェック　チームワークとは，どのようなものだろうか。

チームとは何か

「職場のチームワークが大切だ」といわれている。なぜであろうか。それは，組織の目的を効果的かつ効率的に達成するためには，一人ひとりのメンバーが組織の目的を理解し，任務と責任を果たすと同時に職員（メンバー）相互の協力体制が不可欠であり，そのためにはチームを組んで業務に当たらなければならないからである。いくら優秀な人財がそろっていても，目指す方向がバラバラであったり，各メンバーが個人的な好き嫌いや感情だけで動いていたりしては，組織として成り立っていかない。チームによる活動の成否を握る重要な要素としてチームワークがある。

まず，チームとは何かを考えたい。チームに関して多くの研究がなされているが，総合的にまとめてみると，「チームとは，共通の目標を達成すべく，構成されたメンバーそれぞれが役割を担い，お互いが影響し合い，協力し合い，高い相乗効果が期待できる集団」といえる。

Check Point! チームの特徴[1]

▷ 複数のメンバーが必要で，チームにおいて人々は互いに影響し合っている。

▷ 意図的に組まれたもの，すなわち組織の目的を達成するために任務が割り当てられた公式集団である。

▷ 協働を通じて高い相乗効果をあげる。

チームワークがなぜ必要なのか

チームは，目標に向かってより効果的・効率的に物事を進めていかなければ

第5章　職場のチームワーク

図5-1　チームワーク

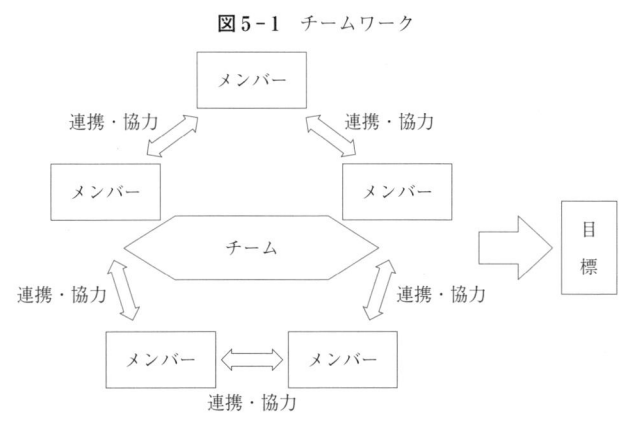

```
            メンバー
     連携・協力 ⇅   ⇅ 連携・協力
   メンバー         メンバー
       ＼  チーム  ／    ⇒ 目標
     連携・協力 ⇅   ⇅ 連携・協力
     メンバー ⇔ メンバー
            連携・協力
```

出典：筆者作成。

ならない。ときにはチームの前に大きな問題が立ちはだかることもあり，これらの問題を解決，軽減しなければならない。これには，メンバー同士の連携や協力が不可欠であり，そのためにチームワークが欠かせない。チームワークとは，チームがうまく動いて物事を成し遂げていく働きともいえる。チームワークが良いというのは，チームの働きが効果的・効率的に作用している状態をいう。いわば，チームが目標に向かって一つの集合体として統制のとれた動きをしている状態にある場合にチームワークが良い状態だといえよう（図5-1）。

メンバーが同じ方向に向いて
協力し合ってこそチームといえる

　チーム，チームワークということばは，組織と似通っているが，組織を円滑に運営していくためにチームが存在し，チームワークが重要になってくるのである。

87

チームワークの良い職場

具体的にチームワークの良い職場とはどのような職場を指すのだろうか。筆者が講師を務めた新任職員研修の参加者に考えてもらった（表5-1）。

チームワークを考えるとき，コミュニケーション，情報共有，状況把握（他のメンバーの状況を把握できている），援助行動（メンバー間で相互援助ができている）といった業務を遂行していくために必要な働きに加え，集団凝集性，モラール，集団規範，チーム・メンタルモデル，集団同一視とコミットメントといった心理的な要素も大きく影響するといわれている[2]（図5-2，表5-2）。研修の参加者から出された意見は，より良いチームワークを育んだりチームを発展

表5-1　チームワークの良い職場とは（職員研修の結果から）

項　目	内　　　　容
職員間で目標の共有ができている	・共通の目標があってみんなが団結してそれに向かっている ・共通理解ができている
目標達成のための方法や手順が明確になっている	・企画の段階から組織の意思決定に皆が参画できる ・目標に向かって全員で協力し合い，利用者支援の内容・方法が部署内で統一されている
職場内で役割分担が明確になっている	・各職員の役割が明確である ・それぞれが行うべき業務分担を理解している ・仕事を他人任せにしないで責任感をもっている
職場の雰囲気が良い	・職場の居心地が良い ・職場が明るい ・何か事が起こったら一致団結できる
職員間のコミュニケーションがとれている	・職員間・部署間で情報の共有ができている ・意見を言える雰囲気にある ・挨拶ができる ・「ホウレンソウ」がきっちりできている ・声掛けができている ・何かあれば会議などで話し合うことができる ・引き継ぎや申し送りが徹底されている
職員間の関係が良い	・特定の職員へのいじめがない ・特定の職員が孤立していない ・愚痴を言い合える関係にある ・他のスタッフの悪口や陰口を言い合わない ・お互いの考えを認め合える ・職員間に信頼関係がある ・メンバーそれぞれ個性を尊重し合える ・皆がお互いを盛り上げる ・メンバーの良い部分も弱い部分も理解し合えている

第5章　職場のチームワーク

職員間で状況把握ができている	・お互いに状況を把握し合っている ・自分一人のことを優先させず，周囲のことを考えることができる
職員間で連携や相互援助ができている	・部署内，部署間の連携がとれている ・困ったときに相談や助けを求めることができ，他のスタッフのフォローがある ・ミスが発生しても皆でカバーし合う ・メンバーが失敗しても注意はするものの，非難，批判するのではなく，皆がサポート，フォローをする
リーダーがリーダーシップをとれている（上司としての素質がある）	・リーダーにやる気がある ・リーダーがリーダーシップを発揮している ・まとめ上手なリーダーがいる ・リーダーがその時々の気分や感情で動かず一貫した態度をとっている ・リーダーがメンバーに対して公平に接している ・リーダーの指示が的確である ・上司が職員の意見を聞いてくれる ・上司が職員の意見を尊重してくれる ・上司が気にかけてくれる ・不適切なことを行ったとき，上司がきっちり注意してくれる
仕事の達成感がある	・目標に向かっていろいろなアイデアが出され，メンバーが主体的に役割を買って出る ・良い仕事をしようという気持ちがあり仕事意識が高い
職員に職場の一員であるという帰属意識がある	・お互いに仲間意識や信頼関係がある ・一体感がある ・何か問題が起こったとき，みんなの問題として問題解決に向かう
職員がプロ意識を持っている	・仕事とプライベートの区別がきっちり付いている ・メンバーが不適切な対応を行ったときはお互い注意し合える ・状況に応じて対応できる

出典：新任職員研修の参加者の意見をもとに筆者作成。

させたりするためにきわめて重要といえよう。

チームワークの良くない職場

　チームワークの良い職場の逆がチームワークの良くない職場である（表5-3）。チームワークの良くない組織では，メンバー間で目標を共有できていなかったり，円滑なコミュニケーションが図られていなかったり，役割分担や責任分担が不明瞭で協力体制が取れなかったり，仕事への厳しさが感じられなかったりして，メンバーの人数以下の成果しか発揮されず，目標達成が困難となる。そして，メンバーの組織の一員としての帰属意識や業務に対するモチベーションが低下するであろう。皆さんの職場のチームワークはどのようなもので

図 5-2　チームワークの要素

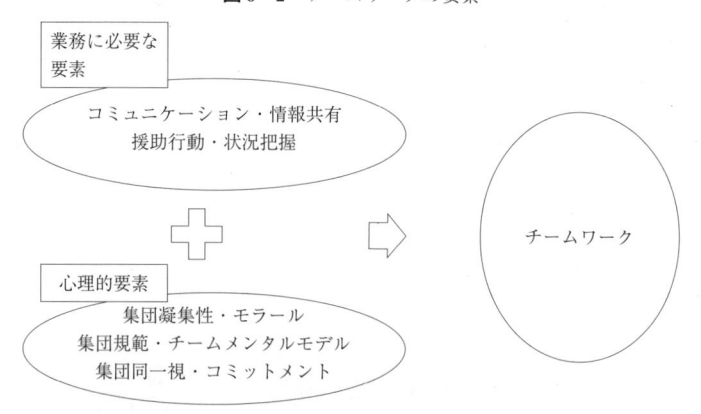

業務に必要な要素：コミュニケーション・情報共有／援助行動・状況把握

＋

心理的要素：集団凝集性・モラール／集団規範・チームメンタルモデル／集団同一視・コミットメント

⇒ チームワーク

出典：山口裕幸『チームワークの心理学――よりよい集団づくりをめざして』サイエンス社，2009年，19～27頁をもとに筆者作成。

表 5-2　チームワークの心理的要素

集団凝集性	メンバーを自発的に集団に留まらせる力の総体 ⇨ 集団の一員としてどのくらい強く留まりたいか
モラール	士気，志気，やる気，作業意欲（これらは個人が抱くものであり，個人の心理を表すもの） ⇨ モラールの高い集団は，凝集性や満足感が高く，人間関係が円満である
集団規範	メンバーに共有されている価値観，行動パターン，思考パターン ⇨ メンバー間の意見交換や他者の行動を手本としながら相互作用を繰り返すことで意見や態度，行動のとり方や判断基準をメンバーが共有し，メンバーが判断したり行動したりするときに「こうすべきだ」という指針を示す働きもする
チーム・メンタルモデル	チームが取り組む課題の内容や遂行の仕方，チームの特性やメンバーの特性に関する知識や心的表象（イメージ）がメンバー間で共有されていること ⇨ チーム・メンタルモデルが共有されていると，チームパフォーマンスが促進される
集団同一視	自分が所属する集団の一員であることに高い価値を認め，その集団の一員であることをもって，自分自身が何者であるかを確認する認知的な行為 ⇨ 集団同一性の高いメンバーは，所属集団に親愛の情を抱き，自分の判断や行動を決定する際に，逐一集団の規範を参考にする傾向にある
コミットメント	自分が所属する集団の一員であることを周囲の他者に公表すること ⇨ 所属する集団への忠誠心を高める効果をもたらす

出典：図 5-2 と同じ，22～27頁をもとに筆者整理。

第5章　職場のチームワーク

好き勝手な事を言っていてはチームワークは生まれない

あろうか。

　一方，チームワークが良いことと仲良しグループは別であることも認識する必要がある。仲良しグループとは，職員間に厳しさが見られず業務よりも職員間の和を優先した状態をいう。仲間に嫌われまいとして他のメンバーのミスやエラー，利用者に対する不適切な対応に気づいてもそのことを指摘しづらくなったり，新たな企画を思いついてもチームのメンバーが嫌がるだろう事柄については提案しづらくなったりする。いわばチームの抱えている問題を指摘できなかったり，活性化に向けた取り組みができなかったりして，本来のチームの目標達成がないがしろにされてしまうのである。表5-2に示してあるチームワークの心理的要素の集団凝集性や集団同一性などは，一歩誤った方向へいくと仲良しグループと化す危険性があることを理解しておかなければならない。職員間の和を優先するのではなく，利用者支援の輪を広げていこうではないか。[3]

> ワーク
> あなたの職場のチームワークは，どのような状態だろうか。
> 振り返ってみよう。

表5-3 チームワークの良くない職場（職員研修の結果から）

項　目	内　　　容
職員間で目標の共有ができていない	・職場の基本理念を共有できていない ・チームとして職員が同じ方向を向いていない ・組織として機能していない
役割分担や責任分担が不明瞭である	・目標が共有されていないため，支援内容，方法がチーム内で統一されていない，あるいは統一されていても職員が順守しない ・各職員の役割が不明確である ・それぞれが行うべき業務分担を理解していない ・仕事を他人任せにして責任感を持っていない ・各職員が自分の利益や関心事を優先させ，各自がばらばらな動きをしている
職場の雰囲気が良くない	・職場の居心地が良くない ・職場が暗い ・何か事が起こっても一致団結できない
職員間のコミュニケーションがとれていない	・職員間・部署間で情報の共有ができていない ・意見を言える雰囲気になく，挨拶もできていない ・「ホウレンソウ」が不十分である ・職員間で声掛けができておらず，情報を共有できない ・問題が発生しても皆で解決していこうという雰囲気がない ・職員みんなが話し合える場がほとんどない ・引き継ぎや申し送りが事務的にしか行われていなかったり，漏れが生じたりしている
職員間の関係が良くない	・特定の職員のいじめにあったり孤立したりしている ・本音でものを言い合える関係にない ・他のスタッフの悪口や陰口が日常茶飯事に行われており，職員間に信頼関係が感じられない ・メンバーそれぞれ個性や考えを尊重し合えない ・感情レベルでの対立が見られる
職員間で状況把握ができていない	・お互いに状況を把握できていない ・自分一人のことを優先し，周囲のことを考えることができない
職員間で連携や相互援助といった協力体制ができていない（結束力の欠如）	・部署内，部署間の連携がとれていない ・困ったときに相談や助けを求めることができない ・問題が発生したときに迅速に対応できない ・困っているときに他のスタッフのサポートやフォローがみられない ・何か問題が起こったとき，職場の問題としてとらえるのではなく，特定の職員の責任にしてしまう
リーダーが十分なリーダーシップをとれていない	・リーダーにやる気がみられない ・リーダーがリーダーシップを発揮できていない ・リーダーの言動に一貫性がなくその時々の気分や感情でものを言う ・メンバーに対して不公平に接している ・リーダーの指示が不明瞭である

	・上司が職員の意見を聞き入れない ・上司に意見を言えない ・上司が職員の指導・育成ができていない
仕事の達成感がない	・ほとんど積極的な意見やアイデアが出されず，メンバーが仕事に対して消極的である ・良い仕事をしようという気持ちがみられず仕事意識が感じられない
職員に職場の一員であるという帰属意識がない	・お互いに仲間意識や信頼関係がみられない ・一体感がない
仕事に対する厳しさやプロ意識に欠けている	・職員間で派閥ができたり，仲良しグループのようになったりしており，仕事とプライベートの区別が付いていない ・メンバーが不適切な対応を行ったときでも見て見ぬふりをする

出典：表5-1と同じ。

2　チームワークの促進

(事前チェック)　より効果的なチームワークを築くには，どうすればよいのだろうか。

エラー発生のメカニズム

　われわれは，仕事上ミスやエラーを犯したり，判断を誤ったり，あるいは利用者に不適切な対応を行ってしまったりすることもある。人間である以上，完璧を求めることは不可能かもしれない。しかし，そのまま放置していては一向に進歩が見られないうえチーム全体に不利益をもたらしてしまうことにもなりかねない（図5-3）。各職員がプロとしての自覚と責任をもちミスやエラー，誤判断，失敗を少なくする努力を怠ってはならない。それでもミスやエラー，誤判断，失敗は起こるものである。そこで，チームとしてこれらを防ごうとする取り組みが不可欠となる[4]。

　各職場や部署では，ミスやエラーなどの事故が発生したり判断を誤ったり，不適切な対応が見られたりした場合，そのまま放置するのではなく，二度と同じ失敗を繰り返さないための対応を考えるべきである。まず，チーム内で状況把握を行い，原因を突き止め，そして，今後の対策を検討していくことになる。たとえば，介護などの現場でヒヤッとしたりハッとしたりしたことをそのまま

図5-3　ミスやエラーの発生

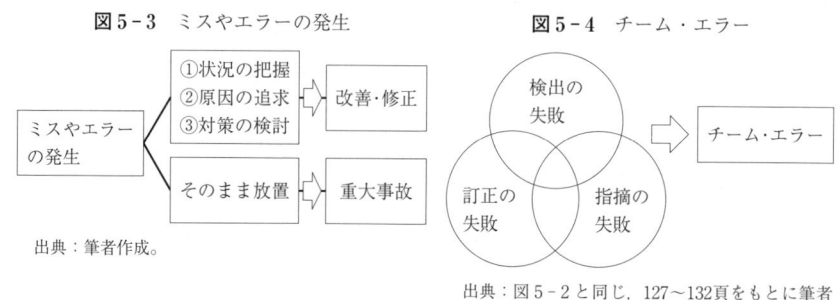

```
ミスやエラー     ①状況の把握
の発生    ─┬─  ②原因の追求  →  改善・修正
          │   ③対策の検討
          │
          └─  そのまま放置    →  重大事故
```

出典：筆者作成。

図5-4　チーム・エラー

検出の失敗／訂正の失敗／指摘の失敗 ⇒ チーム・エラー

出典：図5-2と同じ，127～132頁をもとに筆者作成。

表5-4　チーム・エラー

検出の失敗	チームのメンバーがミスやエラーを犯したときや利用者に不適切な対応を行ったとき，あるいはこのような失敗を起こしそうになったときに，他のメンバーが気づかない。他のメンバーの業務にまで目が行き届かない，自分がしなくても誰かがやってくれるだろうといった認識でいる，何か事が起こっても自分の責任ではないといった責任感が希薄である場合に起こりやすい。
指摘の失敗	チームのメンバーがミスやエラーを犯したときや利用者に不適切な対応を行ったとき，あるいはこのような失敗を起こしそうになったときに，そのことに気づいているにもかかわらず，その指摘を行わない。チーム内のメンバーとの葛藤を避けるために，指摘できない。人間関係がギクシャクするのではないかといった懸念から生じてくるものであり，仲良しグループがこれに該当する。
訂正の失敗	チームのメンバーがミスやエラーを犯したときや利用者に不適切な対応を行ったとき，あるいはこのような失敗を起こしそうになったときに，指摘されているにもかかわらず訂正されない。指摘されてもそのまま放置している，指摘された内容を素直に認めず拒否する，どのように訂正すればよいのかわからない，訂正の方法が誤っている場合などがある。

出典：図5-4と同じ。

見過ごすのではなく「ヒヤリハット」といったかたちで，状況と原因，今後の対策を検討し，職場内に周知して，事故を未然に防ぐ努力が必要である。

このような取り組みにおいて押さえておくべきポイントとして山口裕幸が紹介しているチーム・エラーが参考になる[5]（表5-4，図5-4）。

チーム・エラーに見られるように，チームのメンバーがミスやエラーを犯したときや判断を誤ったとき，利用者に不適切な対応を行ったとき，あるいはこのような失敗を起こしそうになったときに，検出，指摘，訂正を的確に行うこ

とが重要であり，これらの地道な取り組みこそが失敗防止へとつながっていくのである。

チームの安定と変革

　チームメンバーの努力によってチームワークが円滑に保たれていても，メンバーの退職や異動によってメンバーの入れ替わりが生じてくる。新しく加わったメンバーの多くは，チームの規範を習得しチームの一員としての自覚を高めチームに馴染もうと努力するであろう。しかし，メンバーが入れ替わることでメンバー間の新たな相互作用が起こり，チームの形態も少なからず変化するものでもある。

　また，チームを取り巻く環境の変化に伴ってチームも変革を求められる。想定外の事態に遭遇し，予定通り物事が進まなくなってしまうこともある。このようなとき，チームとして危機を乗り越えなければならない。いわばチームとしての力量が問われるのである。

　このようにチームは，チームとしての安定を維持しつつも新たな発展に向けて柔軟に進化していくものでもある。

チーム意識の醸成

　チーム・エラーや環境の変化にチームが対応するために，皆さんは，チームにどのような形で貢献しているだろうか。「私一人くらい手を抜いても大丈夫」といった感覚で仕事をしていると，チーム全体が沈滞化してしまう。第3章で組織とは，人数以上の相乗効果をもたらすものであると述べたが，集団に埋没してしまうと人数以下の効果しか発揮できなくなってしまう。チーム内においてそれぞれ役割が定まっている。しかし各職員は，その与えられた役割を遂行しておれば業務が円滑に進んでいくわけではない。

　役割がもれ落ちていたり，他のメンバーが病気などで急遽休暇を取ったり，他のメンバーの与えられた業務が膨大であるため消化しきれない場合などがあり，業務に支障が生じてくることもある。また，さらなるステップアップを目

指したためにより高度な業務が生じたり，新たな業務が舞い込んでくることもある。一方，不測の事態に見舞われた際にミスやエラーが発生する可能性が高くなる。

このような場合，各メンバーが与えられた役割を越え，チーム内でメンバーがお互い助け合い，困難に立ち向かって行ったり，チームを活性化させなければならない。各メンバーが役割を越え連携や相互援助を行うことで，チームは目標達成に近づき，大きな成果を生み出すことになる（図5-5）。このような連携や相互援助は，①メンバーの職務に対する満足感がある，②チームへの愛着感がある，③自分が公平に扱われているといった公平感が高いチームである，④リーダーから支援されたり配慮されたりしていると感じている，といった場合において見られるものである[6]。むろん，自らの業務を放置し，他のメンバーの手助けばかりを行っているとマイナスの影響が生じる可能性があるので，十分留意すべきであることはいうまでもない。

チーム・マネジメント

チームが困難な状況に陥ったとき，軌道修正したり問題の解決や軽減に立ち向かったりするためにどう動くのかは，そのチームの有する力量によって異なってくる。その力量の原動力となるのがチームワークである。チームワークは，一人ひとりのメンバーの働きに左右される。なぜなら，チームを構成し支えているのは一人ひとりのメンバーだからである。メンバーの自覚と働きがチームを動かしているのである。

チームが困難な状況に陥ったとき，チームのメンバーが判断し，行動することでチームとしての動きが定まってくる。一人ひとりの力は小さなものでも力を合わせれば巨大なものとなる。その一翼を一人ひとりのメンバーが担っているのである。いわば，メンバー一人ひとりの働きが重要となる。

チームでは管理職やリーダーが一方的に物事を決めてしまうのではなく，メンバーがチームの意思決定の過程に参加することが重要であるが，意思決定の仕方がチームそのものを大きく左右するといわれている[7]。チームのメンバーが，

第5章　職場のチームワーク

図5-5　チームでの連携や相互援助の必要性

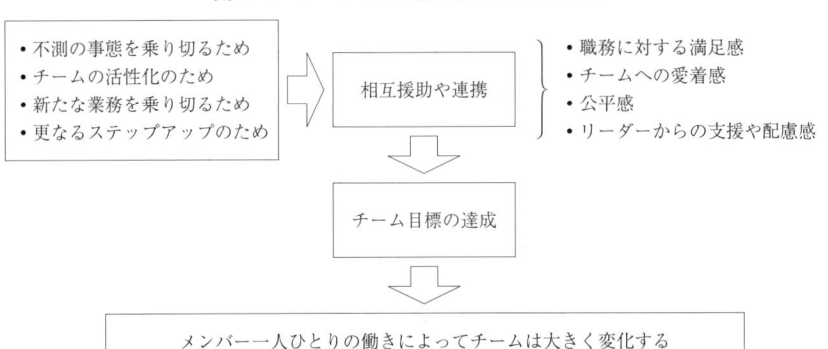

- 不測の事態を乗り切るため
- チームの活性化のため
- 新たな業務を乗り切るため
- 更なるステップアップのため

⇒ 相互援助や連携

- 職務に対する満足感
- チームへの愛着感
- 公平感
- リーダーからの支援や配慮感

⇓

チーム目標の達成

⇓

メンバー一人ひとりの働きによってチームは大きく変化する

出典：開本浩矢編著『入門組織行動論』中央経済社，2007年，69〜71頁を参考に筆者作成。

表5-5　チームの成功要因

適切な目標設定	① チームの目標を決める ② メンバー間で議論して合意を得る ③ 具体的な目標を定める ④ メンバーの責任を明確にする
メンバーのスキルアップ	1．ある特定分野の高度な知識といった専門スキルを身に付ける 2．問題を発見しその解決案を見つけ出す問題解決スキルを身に付ける 3．メンバーの発言を促したり他のメンバーの意見を聞きいれたりといったコミュニケーションスキルを身に付ける

出典：図5-5と同じ，106〜109頁をもとに筆者作成。

　前向きな批判を通じて効果的な意思決定ができると，各メンバーが所有する多くの情報を収集してさまざまな情報を建設的に批判・検討したうえで意思決定を行うことができたり，メンバーが意思決定に参加することで決定事項を実行しやすくなったりする。言い換えると，メンバーが主体的に意思決定に参画でき，業務を遂行できるチームが望ましいといえよう。

　一方で，特定のメンバーの意見に流され偏った結論に至ったり，チームの適切な問題解決よりもチームのまとまりを重視するあまり，メンバーの意見を一致させようとして反対意見を言い難くさせてしまったりすることもある。このようなことにならないために，チームの存在意義や目標を意識しつつメンバー

間のコミュニケーションを十分図っていく必要がある。これらのことから，チームの成功要因として，①適切な目標設定，②メンバーのスキルアップ，が挙げられる[8]（表5-5）。

　各職場は，チームにふさわしい優れた人財を採用し配置することはいうまでもない。しかし，採用された人財も万能ではない。一人ひとりのメンバーの有する能力と職場で求められる能力との間には差が生じる。この差を縮める必要がある。いわば職場のなかで一人ひとりのメンバーの力量を高めリーダーシップを発揮できるようにするための人財育成が重要となってくるのである。これをチーム・マネジメントという。人財育成を担っているのが，各職場のリーダーであったりリーダーを補佐している中堅職員であったりする。よって，リーダークラスの職員の養成こそがきわめて重要なのでる。

> ワーク
> ① あなたの職場のチームワークを高めていくためには，どのような課題があるだろうか。
> ② 職場のチームワークを高めていくために，あなた自身は，どのような取り組みを行っていけばよいだろうか。

3　職場の人間関係

事前チェック　職場の人間関係を円滑に保つためには，どうすればよいのだろうか。

職員間の葛藤

　職場には，部，課，部署，ユニットなど公式な形で存在している組織と職場のメンバー間による人間関係によって形成された小グループが存在している。同じ職場のメンバーであっても，すべてのメンバーとまったく平等に接することは不可能であり，気心の知れた仲間意識によるいくつかの小グループが形成されてくるものである。人数が多い職場，部署ほどこのような傾向が強く見受けられる。

第5章　職場のチームワーク

　チームワークを高めたり保ったりするためには職員間の関係，すなわち職場の人間関係が良好である方が望ましい。人間関係がよければコミュニケーションがスムーズにとり行われ，自由活発な意見交換ができ，共通理解ができ，相互作用が図られ，他の職員の状況把握がしやすくなり，相互援助の気風が生まれる。組織として活性化することに加え，各メンバーが組織の一員としての存在感を自覚できモラールが高まっていくであろう。小グループのメンバー間ではこのような関係性が生まれやすいであろう。

　ところが，すべての職場の人間関係が良好というわけではない。仲間意識による小グループを軸に職員間で派閥のようなものができてしまったり，特定の職員との関係がギクシャクしてしまったりなどの職員間の葛藤が生じることはよく見聞きすることである。ときには感情レベルにまで対立が深まったり，さらに深刻になると相手を生理的に受け付けなくなったりもする。

　こうなるとコミュニケーションが円滑に進まなくなったり，協力体制が維持できなくなったり，なかには双方による足の引っ張り合いになったりもする。結局，利用者が被害者となってしまう。さらに人間関係の気まずさが原因で職場を去っていく職員もいる。

　皆さんの職場の人間関係はどうであろうか。皆さんは職場の人間関係で悩んだことはないだろうか。なぜその相手との人間関係がうまく働かないのだろうか。一度振り返ってみよう。第1印象が悪かったのだろうか。それとも，仕事の進め方や考え方など相手の言動に不信感を抱いたのがきっかけになったのかもしれない。次に，今現在その相手をどう見ているだろうか。おそらく，苦手意識を抱いていたり，不信感を抱いていたり，嫌悪感を抱いていたり，恐怖心を抱いていたりするであろう。いずれにせよ，否定的な感情を抱いていることに間違いない。顔を見たくない，会いたくない，話したくない，かかわりたくない，あの人の意見に賛同したくない，といった想いを抱いているのではないだろうか。

　このような相手に対して抱いているイメージは，言語あるいは非言語のメッセージを通してそのまま相手に伝わっている可能性が高い。当然，相手も皆さ

んに否定的な感情を抱くであろう。このやり取りは両者の人間関係をさらに悪化させることになる。では，職員間の葛藤状態にどう対処すればよいだろうか。

相手との協働

　第一に，対処法のパターンから考えてみたい。山口は，対処法のパターンをいくつかに分類し紹介している[9]。まず，葛藤状態にある人とは会いたくないであろう。いわゆる「回避」である。また，相手と「競合」して打ち負かしたり，逆に相手に「譲歩」してしまったりすることもある。いずれにしても好ましい形とはいえず，円滑な業務遂行は難しくなる。現実的な対応としてお互い主張を譲り合う「妥協」も考えられる。しかし，妥協は本質的な解決とはいえない。
　そこで，山口は，相手と話し合いのときを持ち，自分自身の意見や利益を主張する一方で，相手の主張も理解しながら誤解を解いたり理解を深めたりしていく「協働」がきわめて重要だと指摘している。具体的には，「問題直視」する方法である。感情レベルの対立や生理的レベルでの拒否に至る前に初期の段階から，この悪循環を断ち切るために対処すべきである。感情的になる前になぜ葛藤が生じているのか，その原因となっている問題を冷静に見つめ直し分析することである。そのためにチームに所属するメンバーは，それぞれの立場があり，それぞれの考えや仕事の進め方があるということを理解すべきである（表5-6）。この多様性を認め，自分とは異なった意見にも耳を傾けることが重要なのである。山口は，問題を直視し合う態度をメンバーが共有することで，チームワークは育まれ，より高品質なチームへと発展していくと述べている（図5-6）。

相手に対するポジティブな側面への着目

　第二に，葛藤状態にある相手をポジティブにみる考え方がある。まず，葛藤状態にある相手はどのような人なのか，冷静に分析してみよう。おそらく相手のマイナスの側面がクローズアップされるであろう。マイナスの側面は，さらにその人物そのものをマイナスに評価してしまうのである。そして，自分が抱

第5章 職場のチームワーク

図5-6 対処のパターン

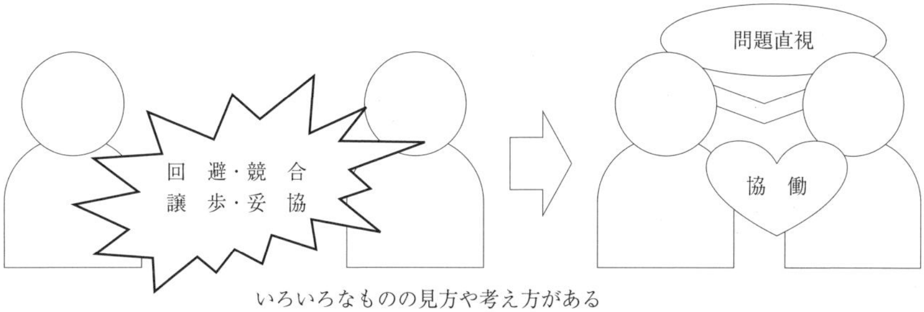

回避・競合
譲歩・妥協

→

問題直視
協働

いろいろなものの見方や考え方がある
多様性や違いを認め、自分とは異なった意見にも耳を傾けよう

出典：図5-2と同じ。84～87頁をもとに筆者が作成。

表5-6 人間関係を良くする基本的態度

自分の立場で物事を考える	自分はどのような立場にあり、どのようにしたいのか、相手にどのように写っているのか、自分を理解することである。自分自身を冷静に見つめることで考えが明確になり、自分自身のコントロールにもつながる。
相手の立場で物事を考える	自分自身を相手の立場に置き換えて「私があの人の立場だったらどう思うだろうか、どう行動するだろうか、どうして欲しいのだろうか、それはどうしてだろうか」といったことを考えてみることである。 相手の立場を理解することは人間関係の形成においてきわめて重要といえる。
第三者の立場で物事を考える	自分自身と相手との関係を第三者が見るとどうなるだろうか、客観的に見た場合どうだろうかといったことを考えてみるのである。 客観的に考えることを通して総合的な観点から物事をとらえることが可能となる。

出典：「福祉職員生涯研修」推進委員会編『改訂 福祉職員研修テキスト——基礎編』全国社会福祉協議会 2002年、80頁をもとに筆者整理。

くマイナスのイメージがそのまま相手に伝わってしまうから、関係がますます悪化するのである。

そこで、相手のプラスの側面、すなわち相手の良さ、素晴らしさに着目するのである。人間誰でも良さや素晴らしさを有しているのである。良さや素晴らしさを見出し、それを相手に伝えていくのである。これによって、相手にプラスのイメージを抱くことができ、相手もそのプラスのイメージを受け取ることができると見方も変わってくるであろう。お互いがプラスのイメージを抱けば双方の人間関係も良好な方向へと軌道修正するであろう。意外な一面を垣間見

笑顔での挨拶は相手も自分自身も明るい気持ちになる

ることができると相手を見る目そのものが変わってくることもある（図5-7）。

相手への積極的な働きかけ
　第三に，葛藤状態にある人に積極的に働きかけていく方法がある。苦手な人ほど話し難いものであるが，まず挨拶から始めてみてはどうだろうか。いくら嫌な相手でも挨拶されると無視するわけにはいかない。挨拶するときは，大きな声で相手にはっきり伝わるようにすべきである。小声で挨拶したのでは相手に伝わらない。1～2回無視されたとしても大きな声ではっきりとした挨拶を続けてみよう。返事があるはずだ。挨拶すらできない状態だとその日一日憂鬱な気分にもなる。
　また，苦手な人が得意とする分野について相談を持ちかけてみるのもよい。相手も自分の得意とする分野について尋ねられると，実力を認めてもらえたということで決して悪い気はしないだろう。
　挨拶をするにしても相談を持ちかけるにしても，心のなかで一度どのように声かけを行えばよいかをリハーサルするとよいであろう。話しかけのきっかけをどうするのか，相手の反応パターンをいくつか想定してそれぞれにどう切り返していくのかをシミュレーションし，冷静に対応できるよう練習をすると効果が表れるかもしれない。

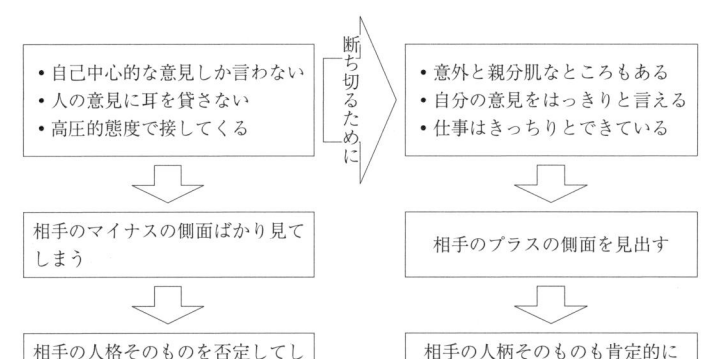

図5-7 人間関係のとらえなおし

```
・自己中心的な意見しか言わない      断     ・意外と親分肌なところもある
・人の意見に耳を貸さない          ち     ・自分の意見をはっきりと言える
・高圧的態度で接してくる          切     ・仕事はきっちりとできている
                        る
                        た
                        め
                        に
         ↓                           ↓
  相手のマイナスの側面ばかり見て        相手のプラスの側面を見出す
  しまう
         ↓                           ↓
  相手の人格そのものを否定してし        相手の人柄そのものも肯定的に
  まう                            見えてくる
```

出典：筆者作成。

Check Point! 積極的な働きかけ
▷ 苦手意識を抱いている人に対して積極的に挨拶をしてみよう。
▷ 挨拶は笑顔で大きな声ではっきりとする。

自ら変わること

このように，相手を変えようと思えばまず自分自身が変わることである。自分が変われば相手も変わるのである。自ら相手との距離を縮めようとすることで距離が縮まっていくのである。利用者支援を担うものとして，何が一番大切かを是非考えてほしい。自分自身のプライドはもつべきであろう。同時に，組織の一員として，チームの一員として，目指すべき目標に向けてチームワークをどう保っていくのか，向上させていくのか，そのために何をすべきなのかを再度振り返ってもらいたい。生理的に相手を受け付けなくなってしまうと関係修復はきわめて困難といえよう。そうならないためにも，初期の段階から修復を意識することが重要なのである。

むろん，これですべての人間関係が修復できるわけではない。すべての職員とまったく平等に接していくことは不可能である。合う人，合わない人がいて当然である。合わない人がいても，それが自然な姿である。しかし，どうして

表5-7　良好な人間関係を形成していくための6つの「信頼関係」

① 相手を理解すること：相手を一個人として深く理解し，その理解に基づいて相手に接すること
② 小さなことを大切にすること：「席を譲る」「目が合ったら微笑む」「丁寧に挨拶する」「きちんとお礼を述べる」「飲み物を渡してあげる」など小さな心遣いや礼儀，親切を大切にすること
③ 約束を守る：守れない約束をしないこと
④ 期待を明確にすること：相手に対する役割や目標を曖昧にせず期待を明確にすること
⑤ 誠実さを示すこと：ことばと行動を合わせることでありすべての人に対して率直かつ平等に接すること
⑥ 信頼関係を崩すようなことをしてしまったときは誠意をもって謝ること：間違いを犯してしまったことを認め，誠心誠意謝ること

出典：フランクリン・コヴィー・ジャパン編著『協力する力』キングベアー出版，2009年，40〜49頁。

も関係を円滑に保てない相手の場合，距離を保ったり，第三者に間に入ってもらい調整してもらったりすることも必要かもしれない。最悪の事態には配置転換も起こりうるかもしれない。このような事態に陥らないためにも，仕事を行っていくうえで必要なチームワークを保っていく人間関係の形成を目指していきたいものである。

　良好な人間関係を形成していくためには何といっても信頼関係を構築することが基本である。そのために，フランクリン・コヴィー・ジャパンが提唱している良好な人間関係を形成していくための6つの「信頼関係」を参考にして，人間関係の形成に努めてみてはいかがであろうか[10]（表5-7）。

> **ワーク**
> 職場のなかに苦手な人がいる場合，その人を思い浮かべ，その人がどのような人か振り返ってみよう。
> そして，その人の良さを意識的に見出してみよう。プラスの側面が見えてきただろうか。

4 職場のリーダーシップ──重要性と影響力

事前チェック リーダーシップとはどのようなものだろうか。

　チームを促進させていくためには、チームを構成するメンバー同士の働きかけに加え、チームの目標達成を促進するよう働きかけるリーダーシップが必要である[11]。リーダーシップについて数多くの研究がなされているが、ストッジルの提唱した次の定義が多くの文献で引用されている。「リーダーシップとは、集団の目標達成に向けてなされる集団の諸活動に影響を与える過程である[12]」。
　リーダーシップは、職場の管理職やリーダーが発揮するものといった認識が強いが、必ずしもそのことに限定されない。職場のメンバー一人ひとりがチームの目標を達成すべく、周囲のメンバーに働きかけ影響を及ぼす場合もリーダーシップなのである（図5-8）。新任職員の利用者に対する接し方がとてもす

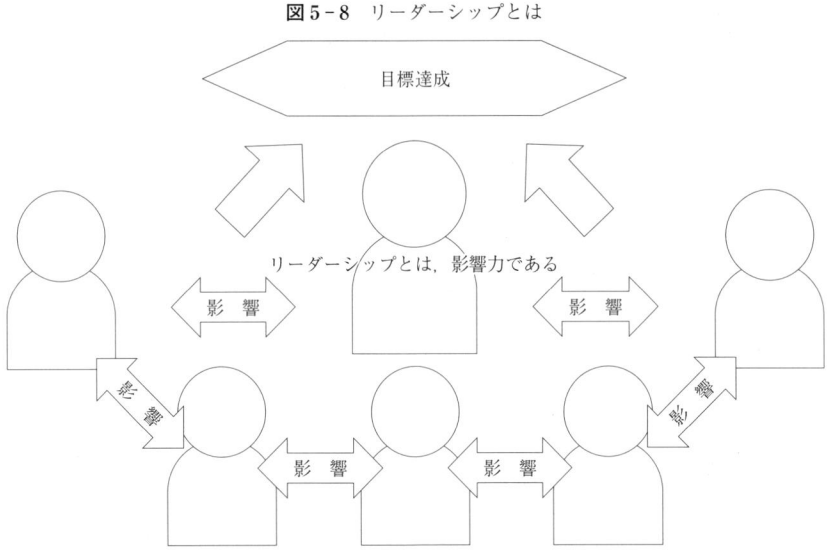

図5-8　リーダーシップとは

出典：筆者作成。

ばらしく周囲のメンバーに影響を及ぼし，それがチームに波及していき，福祉サービスの質の向上というチームの目標促進につながったとするなら，新任職員はリーダーシップを発揮したといえよう。

　リーダーシップとは，誰が発揮するかということより「周囲への影響力」がキーワードになっている。したがって，チームのメンバー全員が何らかの形でプラスのリーダーシップを発揮できると，理想的なチームワークに近づいていくであろう。管理職やリーダーは，チームのメンバーがリーダーシップを発揮できるよう職場の環境づくりとメンバー育成を行っていかなければならない。

> **ワーク**
> あなたは，職場でどのようなリーダーシップを発揮しているだろうか。

注
1) 開本浩矢編著『入門組織行動論』中央経済社，2007年，96〜98頁。
2) 山口裕幸『チームワークの心理学――よりよい集団づくりをめざして』サイエンス社，2009年，19〜27頁。
3) 津田耕一『施設に問われる利用者支援』久美，2001年，173〜176頁。
4) 山口裕幸，前掲書，126頁。
5) 同前書，127〜132頁。
6) 開本浩矢編著，前掲書，2007年，69〜71頁。
7) 同前書，102〜103頁。
8) 同前書，106〜109頁。
9) 山口裕幸，前掲書，84〜87頁。
10) フランクリン・コヴィー・ジャパン編著『協力する力』キングベアー出版，2009年，40〜49頁。
11) 山口裕幸，前掲書，87頁。
12) 同前書，88頁。

参考文献

「福祉職員生涯研修」推進委員会編『改訂　福祉職員研修テキスト――基礎編』全国社会福祉協議会，2002年。

開本浩矢編著『入門組織行動論』中央経済社，2007年。

山口裕幸『チームワークの心理学――よりよい集団づくりをめざして』サイエンス社，2009年。

第6章

職場のコミュニケーション

1　職場のコミュニケーションをよりよくするために

事前チェック　あなたの職場は，職員間のコミュニケーションが円滑に行われているだろうか。

職場におけるコミュニケーションの重要性

われわれの仕事は，部署内，部署間，他機関等のスタッフとのコミュニケーションのうえに成り立っている。コミュニケーションが円滑に行われていると，チームが活性化し仕事そのものが効果的かつ効率的に進んでいく。しかしそうでないと，仕事が滞ってしまうばかりか職員間の人間関係がギクシャクしたり，ときには，部署間あるいは職員間の感情のもつれが生じたりもする（図6-1）。職場のコミュニケーションはきわめて重要なものであるが，同時にきわめて難しいものでもある。

次のような経験をしたことがないだろうか。

◆　情報を受ける側として問題を感じたこと
① 自分のところ（自分たちの部署）に情報が回ってこなかった。
② 曖昧な情報しか伝わってこないため正確な状況が理解できない。
③ いつ・だれが決めたのか私（私たち）は知らない。
④ なぜ急に変更になったのか理由を聞いていない。

◆　情報を伝える側として問題を感じたこと
① 相手にどう伝えたら理解してもらえるかわからない。
② 伝えたいことが十分相手に伝わっていなかった。
③ 人を間にはさむため伝えたい人に真意が伝え難い。
④ 情報が途中で止まってしまい伝えるべき人に伝わらなかった。
⑤ 情報がいつの間にか異なった内容に変わってしまった。
⑥ 伝えるほどの内容ではないと思っていたが，相手は気分を害してしまっ

第6章 職場のコミュニケーション

図6-1 コミュニケーションとは

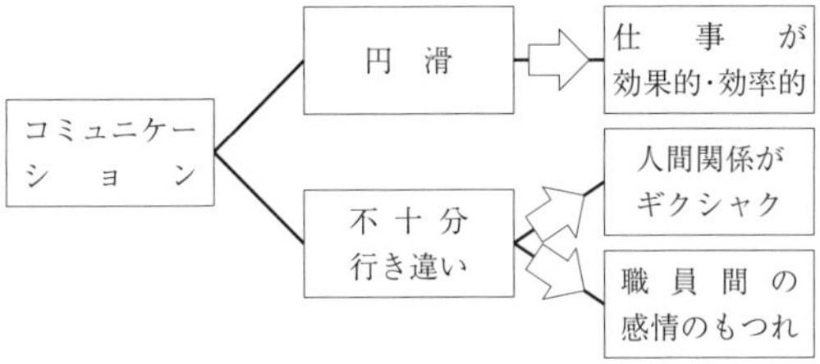

```
コミュニケー ─┬─ 円滑 ──→ 仕事が効果的・効率的
ション        │
              └─ 不十分  ─→ 人間関係がギクシャク
                 行き違い  ↘ 職員間の感情のもつれ
```

出典：筆者作成。

た。
⑦ つい，うっかり伝え忘れた。

◆ コミュニケーションを行っている最中に双方の間で生じるさまざまな感情
① 伝えたいことがうまく表現できない。
② 相手は十分理解していないようだ。
③ 自分の想いを受け止めてもらっていない。
④ 話を十分聞いてもらえない。
⑤ 相手が何を伝えたいのかよく理解できない。
⑥ なにげないことばやしぐさで，相手を傷つけたり，不安にさせたり，不愉快にさせてしまったりする。
⑦ 相手の何げないことばやしぐさが気になり，傷ついたり，不安になったり，不愉快になったりする。

このようなミス・コミュニケーションが原因で職場の人間関係が悪化し対立に至ってしまうのである。これでは，本来の業務が円滑に進まずチームワークに支障をきたし，利用者にも悪影響を及ぼしかねない。

皆さんの職場のコミュニケーションは円滑に行われているだろうか。上からの情報が下りてこない，数人のトップで自分たちの知らない間にすべて決めて

しまっている，リーダーとじっくり話をする機会をもてない，といった問題を感じたことはないだろうか。あるいは，部署間，職員間で行き違いがある，苦手な職員がいてコミュニケーションが遠ざかってしまっている，といったことはないだろうか。さらに，職員数の多い職場ほど機能分化が進んでおり，職員間のコミュニケーションが複雑なものとなってくる。

　職場の人間関係が良好であると，自然とコミュニケーションが弾み，情報の共有が図りやすい。一方で，コミュニケーションが円滑であるからこそ職場の人間関係も好転するのである。多くの人が円滑なコミュニケーションを求めているにもかかわらず，物事はそう簡単には進まないのである。このように，コミュニケーションの仕組みは，非常に複雑で難しいことが理解できたであろう。

　第7章の職場の問題として一番多く取り上げられるのが，職場あるいは職員間のコミュニケーションである。職種，階層別にかかわらず，多くの人が感じている問題である。多くの職員が職場あるいは職員間のコミュニケーションを重要であると認識しているにもかかわらず，悩みの種と感じているのである。職場のコミュニケーションは，隅々にまで行きわたっていくことが重要である。職場の隅々にまで情報が共有されて初めてチームとして動いていくことができるのである。少しでも職場のコミュニケーションを円滑に進めていくためにどうすればよいのだろうか。本章では，主に職場あるいは職員間のコミュニケーションについて理解を深めることとする。

一方向ではなく双方向のコミュニケーション

　コミュニケーションとは，話し手が聞き手に物事を一方的に伝えて終わるのではなく，双方のやり取りを通して共通理解を深め，意思疎通を図っていくものである。

―― 一方向のコミュニケーションの事例 ――

場面①
石村さん：今日の会議は凄かったよ。
桜井さん：そうですか。今日の会議は凄かったんだ。

第6章 職場のコミュニケーション

場面②
桜井さん：今日の会議凄かったらしいよ。
光成さん：そうですか。どのように凄かったのですか？
桜井さん：石村さんが凄かった，というのだから，上司2人が言い合いになったんじゃないのかな。
光成さん：そうか，あの2人ついにぶつかったか。

　この事例では，場面①において会議で何が凄かったのか確認せず会話が終わっている。「凄かった」というメッセージの意味するものがどのようなものか石村さんと桜井さんとで共有できていないため，場面②において桜井さんの憶測があたかも事実であるかのように第三者の光成さんに伝わっている。関心の深い内容であれば，さらに憶測が誇張されてしまう。

―― 双方向のコミュニケーションの事例 ――

石村さん：今日の会議は凄かったよ。
桜井さん：そうですか。今日の会議は凄かったんだ。何かあったのですか？
石村さん：8月に行われる盆踊りのプログラムについての議題のときに，新任の前浜さんがとても素晴らしい意見を出したんだよ。
桜井さん：どのような意見ですか？
石村さん：家族にもできるだけ参加してもらえるよう，声掛けをして，参加した家族にはその機会を利用して利用者の近況報告を行ったり，家族の要望を聞いてみたりしてはどうかという意見と，不参加の家族には盆踊りの際の利用者の様子を写真に撮って手紙と一緒に送ってはどうかという意見だったのよ。新任職員があそこまでしっかりと考えをもっているとは思わなかった。会議に参加した職員一同感心したんだよ。凄く有意義な会議だったよ。
桜井さん：そうだったんですか。新任の前浜さんが盆踊りに家族との交流の機会をもとうという，とても素晴らしい意見を出したんですね。

　この事例では，何が凄かったのかを確認している。これによって会議でどのようなことが起こったのか，石村さんが凄いといった理由がはっきりし，双方の共通理解が得られたのである。
　話し手のメッセージを聞き手が確認せず，聞き手の解釈だけで理解しよう

113

すると，大きな誤解を生じる恐れがある。一方向のコミュニケーションの事例の場合，憶測で述べたことがあたかも事実かのごとく第三者に伝わってしまった。「一を聞いて十を知る」「以心伝心」ということわざがあるが，思い込みは禁物である。相手が何を意図して話をしているのか確認しつつ，自分はどのように理解しているかを表現し，双方の理解を深めていくことによって誤解や無理解は自ずと減少していくのである。

　ただ，実際には相互理解を深めていくことは簡単ではない。双方向のコミュニケーションの事例においても桜井さんが新任の前浜さんを快く思っていなければ桜井さんのフィルターを通る際に，「あの程度の提案ならだれにでもできる。そんなに凄いことなのか？」と思うかもしれない。そうすると次に人に伝える際，「大した提案でもないのにリーダーに評価されたみたいだ」と桜井さんの解釈が入ってしまう。

　われわれは自分にとって都合のよい理解をしようとする傾向にあるので，相手の意図する意味内容と自分の理解とが一致しているのかを確認することが重要である。抽象的な表現となるとことさら意識すべきである。具体的な内容を理解できるよう質問をして確認することが重要だといえる。双方向のコミュニケーションの事例に見られるように，双方がやり取りをすることで何が「凄かった」のか明確になり，共通理解を深めていくことができるのである。

Check Point! 　具体的理解を深めるための質問例
- ▷ 「具体的にはどのようなことですか？」
- ▷ 「例えばどのようなことですか？」
- ▷ 「つまり，○○ということでしょうか？」
- ▷ 「そのことについてあなたはどうお考えですか？」
- ▷ 「そのことについてあなたはどのような気持ちですか？」など

第6章 職場のコミュニケーション

--- 抽象的表現が原因となった思い込みの事例 ---

　複数の施設の職員が集まってプロジェクトが組まれることとなった。第1回目の会合をするにあたって世話役の職員がプロジェクトのメンバーの都合を調整した。まずは，プロジェクトの責任者の都合を最優先しようと思い，責任者に都合を確認した。責任者から「○月×日の夕方が良い」と返事があったので，世話役がメンバーに会合の日時を知らせ，確認をとった。会合の数日前に，「夕方」というのは曖昧なので「○月×日の午後5時に開始」と改めて連絡を回した。すると，責任者から「午後5時は都合が悪い」と連絡が入ってきた。世話役は「責任者は夕方が都合よい」ということだったので午後5時に設定したのに，なぜ都合が悪いのかと疑問に感じた。実は，責任者の考えていた夕方というのは午後3時だったようだ。抽象的な表現であったため，「夕方」に対する双方の解釈が異なっており，時間のずれが生じたのだった。

Check Point! 双方の共通理解が得られるためのポイント
▷　双方向のコミュニケーションを行う
▷　抽象的な会話でわかったつもりにならず，具体的な表現を用いる
▷　相手の気持ちや感情面にも配慮する
▷　話し手の意図する意味内容と聞き手の解釈が一致しているかの確認を行う

話し手は内容だけでなく意図を明確に

　第3章でも述べたように，仕事には一定の目的がある。物事を相手に依頼する際，一方的に「○○をやって下さい」と伝えるだけでは，相手に伝わったとはいえない。聞き手は，ロボットではない。単に指示されたことだけを遂行するようにといわれても，指示を受けた側は責任もって業務を遂行できないであろうし，依頼者の意図する内容には到達しないであろう。そこで，なぜそうするのか，どのような方針に基づいて行うのか，どの程度の到達水準を期待しているのか，いつまでに行うのか，費用が発生する場合の予算はいくらか，困ったときの支援体制はどうなっているのか，といったことを伝えることで，指示を受けた側は期待された水準を目指して仕事の進め方を自ら考え工夫するであ

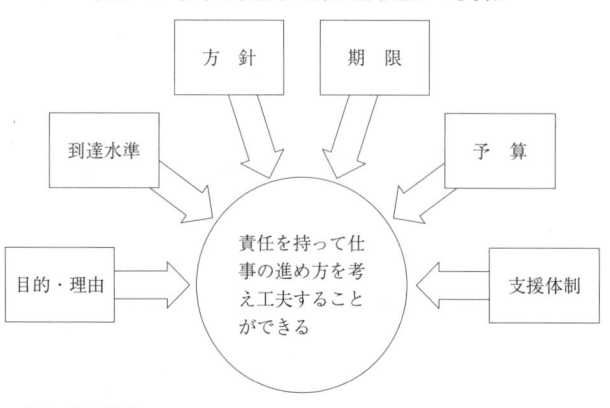

図6-2 仕事を依頼する際に盛り込むべき項目

中心:責任を持って仕事の進め方を考え工夫することができる

周囲の項目:方針、期限、到達水準、予算、目的・理由、支援体制

出典:筆者作成。

ろう。依頼者は、単に指示するだけでなく、意図する内容や方針をしっかり聞き手に伝え、聞き手が理解しているかどうか確認する必要がある(図6-2)。

指示の不徹底による思い込みの事例

ある施設で行事を行うことになった。支援課長が主任に行事の企画を依頼した。主任は、職員に行事の企画を依頼し、数週間後に企画書が上がってきた。ところがその企画書を見た課長が怪訝そうな顔をしている。課長が意図していた内容と異なっていたからだ。課長は、もう一度企画を練り直すように指示を出した。今回の行事について、この時初めて課長からの考えが出されたのである。主任は、最初、課長から指示を受けたときには、行事についての方針は聞かされていなかったので、職員の思い通りにやらせた。主任は、最初から方針を提示してくれればこのような過ちを犯すことはなかったはずだ、と思いながらも渋々職員に方針を伝え、再度企画の作成を依頼した。依頼された職員は、自分の企画が否定されたと思い、課長の方針に基づいた企画書を作り直すことに熱が入らず、中途半端な状態で終わってしまった。

なぜ、このようなことが起こるのだろうか。課長が企画を依頼したときに十分に方針を示さなかったことが原因である。自分の想いを伝えなくともわかっているだろう、自分と同じ考えに基づいて企画を上げてくるだろうといった思い込みが今回の出来事を招いたのである。むろん、主任も課長から仕事を依頼されたときに方針について尋ねるべきであったことはいうまでもない。いわば双方のコミュニケーション・ミスといえよう。企画書を作成した職員が害を被ったのである。

第❻章　職場のコミュニケーション

表 6-1　真のコミュニケーションを阻む要因

- 聞き手が話し手の話を聞こうとする姿勢が欠けている
  ⇨聞き手の関心や興味ある部分に注目したり自分の解釈で話を聞こうとしたりすると，話し手の話の表面的な事柄や一部分にとらわれ，全体を理解できない。
- 話し手がどのような気持ちや感情を持っているのか，聞き手が話し手の感情の世界に入って受け止め理解することは困難である
  ⇨話し手が聞き手に迷惑がかかると思ったり，十分信頼して話をできる人ではないと思ったりすることで，話し手が聞き手に事実関係や想いを一部しか伝えない。
  ⇨話し手が自分の想いを十分整理できておらず，うまく表現できない。
- 話し手が困ったり悩んだりしている話題に対して，聞き手が解決を急いだり何かを助言したりしないといけないという気持ちになる
  ⇨話への理解が知的なものとなり，理屈っぽくなったり，説教がましくなったりする。

出典：白石大介『対人援助技術の実際——面接技法を中心に』創元社，1998年，94〜95頁をもとに筆者整理。

信頼関係のうえに成り立つコミュニケーション

　これまで，コミュニケーションの重要性と促進に向けた取り組みについて述べてきた。ところが，コミュニケーションが難しいのは，ある事柄の状況や事実の伝達だけでなく，「心と心の触れ合い」にまで立ち入っていかなければならないからである。人間の微妙な気持ちを理解することはきわめて難しいことであろう。

　コミュニケーションの内容が人間の感情のことまでに及ぶとさらに複雑になる。一つひとつのやり取りを繰り返して表面的な会話に終始するのではなく，内容を吟味し，相手の意図することを感情面も含め理解することが重要である（表 6-1）。

　松岡敦子は，人の話を聞くに当たって「聴き方のABC」を紹介している[1]。人の話を聞くときにどこに着目すべきかをわかりやすく説明している。たとえば，ある職員が，「この職場の人たちは，私のことを嫌っているようだ。私とペアを組むことを避けようとする」と発言したとしよう。あなたは，このことばを聞いてどのように反応するだろうか。

　㈦　「職場の人はあなたとペアを組むことを避けようとするのですね」
　㈣　「職場の人はあなたを嫌っているとお考えなのですね」
　㈨　「職場の人から嫌われていると思うとお辛いですね」

図6-3　聴き方のABC

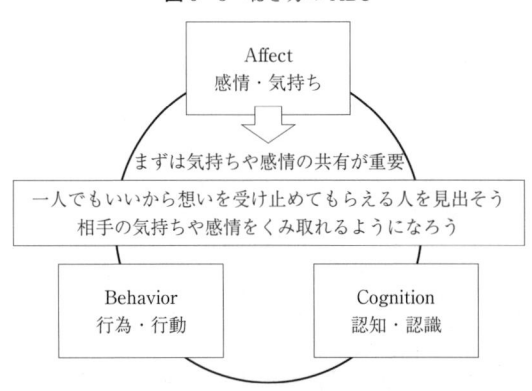

```
           Affect
         感情・気持ち
            ↓
   まずは気持ちや感情の共有が重要
  ┌─────────────────────────┐
  │ 一人でもいいから想いを受け止めてもらえる人を見出そう │
  │ 相手の気持ちや感情をくみ取れるようになろう      │
  └─────────────────────────┘
    Behavior        Cognition
    行為・行動        認知・認識
```

出典：松岡敦子「アセスメントにおける技法とツールの意味」『ソーシャルワーク研究』第26巻第4号，2001年，4～10頁をもとに筆者作成。

㋐は，「ペアを組むことを避けようとする」といった行為・行動面（Behavior）に着目した反応である。

㋑は，「あなたを嫌っていると考えている」といった認知・認識面（Cognition）に着目した反応である。

㋒は，「お辛いですね」といった気持ち・感情面（Affect）に着目した反応である。

松岡は，この3つの側面から会話を分析する必要があるとしており，なかでも気持ちや感情面に着目することの重要性を述べている。そして，感情面を初めにしっかりと押さえ，これを基礎として行為・行動面や認知・認識面にも話を向けていくことで，通り一遍のやり取りではなく内容の深い会話になっていくと指摘している（図6-3）。

われわれは，ある事柄についての想いを共有できると，安心できたり嬉しさが倍増したりするのではないだろうか。仕事で辛いことがあってもそのことを誰にも相談できないと，鬱積した気持ちは蓄積されていくだけである。しかし，その辛さを人に話し，共感してもらえることで随分と気分的に楽になるのではないだろうか。一人でもいいから，「自分のことをわかってくれる人」を見出

すことがきわめて重要である。そして，コミュニケーションの際には，通り一遍のやり取りで終わるのではなく，相手の気持ちや感情面を汲み取るよう意識することも心掛けたいものである。

> **ワーク**
> 二人ペアになり，意識的に人の気持ちや感情に寄り添う会話を試してみよう。

2　円滑なコミュニケーション

事前チェック　人と話をするときに相手の話に耳を傾けているだろうか。

　人に何かを発言するということは，相手の存在を認めることであり，相手との関係を継続する意思のあることを示すものであり，自分の発言に人が応じてくれると満足が高まっていくものである[2]。話し手と聞き手の双方のやり取り如何によってその後のコミュニケーションが大きく変わってくるものである。

事例1

山本さん：岩谷さん，おはようございます。
岩谷さん：おはよう。ごめん，今忙しいから後にして。（挨拶は返したものの，山本さんと目を合わせず，小走りに去っていく）

事例2

山本さん：岩谷さん，おはようございます。
岩谷さん：……。（聞こえなかったのか，返事をせずそのまま立ち去っていく）

事例3

山本さん：岩谷さん，おはようございます。
岩谷さん：おはようございます。今日はよい天気ですね。きっと利用者の皆さんも気持ちいい朝を迎えられたことでしょう。山本さんは，体調いかがですか。

　事例1と事例2は，せっかく山本さんが岩谷さんに挨拶をしているにもかかわらず，十分な返答がなされていない。特に事例2では，岩谷さんは聞こえな

図6-4　行動の後の結果によってその後の行動が影響される

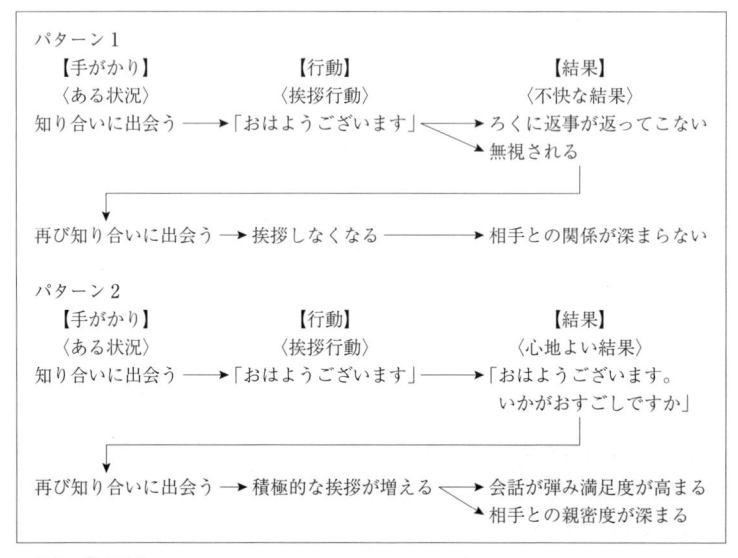

```
パターン1
   【手がかり】           【行動】              【結果】
   〈ある状況〉          〈挨拶行動〉          〈不快な結果〉
   知り合いに出会う ──→「おはようございます」──→ ろくに返事が返ってこない
        ↑                                       無視される
        │
   再び知り合いに出会う ──→ 挨拶しなくなる ────→ 相手との関係が深まらない

パターン2
   【手がかり】           【行動】              【結果】
   〈ある状況〉          〈挨拶行動〉          〈心地よい結果〉
   知り合いに出会う ──→「おはようございます」──→「おはようございます。
        ↑                                         いかがおすごしですか」
        │
   再び知り合いに出会う ──→ 積極的な挨拶が増える ──→ 会話が弾み満足度が高まる
                                                 相手との親密度が深まる
```

出典：筆者作成。

かったのか返事すらしていない。一方の事例3では，山本さんの声掛けに対して，きっちりと挨拶を返している。

　事例1～3のパターンが何度か続くと，どうなるだろう。事例1の場合，岩谷さんはいつも忙しそうにしており，声を掛けても十分取り合ってくれないし，声掛けは迷惑かもしれない，と山本さんは思うかもしれない。事例2の場合，岩谷さんは私を無視しているのだろうか，と山本さんは思うかもしれない。いずれも，今後岩谷さんへの声掛けを躊躇するのではないだろうか。一方，事例3では，岩谷さんはいつも返事をしてくれるし，自分の体調まで気遣ってくれるので，もっともっと声掛けをしよう，と山本さんは思うかもしれない。

　このような人間の行動の仕組みは，学習心理学によって説明することができる。ある状況の下で，ある行動を起こすと，その結果次第で次の行動が大きく左右されてくるものである。山本さんが，岩谷さんと出会うという状況の下で，「岩谷さん，おはようございます」と発言した。その結果，岩谷さんから不快

第6章 職場のコミュニケーション

共感し合うことで話が弾む

な反応が返ってきたり，無視されるような反応が返ってきたりすると，今後，山本さんは岩谷さんと出会っても声掛けをしなくなるのである。一方，岩谷さんから心地よい反応が返ってくると，今後，山本さんは岩谷さんと出会うと，積極的に声掛けを行い，会話が弾んで満足度が高まっていくのである。岩谷さんも，山本さんから声をかけてもらい心地よい経験をすると，今後さらに山本さんとの会話が弾むであろう。

　言い換えると，行動の後の結果は，次に知り合いに出会ったときにどのような行動を起こすかの手がかりになる。ある状況の下で，ある行動を起こした結果，心地よい結果が返ってくると，今後同じような状況に出くわすと，その行動が繰り返される可能性は高くなるのである。ところが，不快な結果が返ってくると，今後同じような状況に出くわしても，その行動が起こらないのである（図6-4）。

　心地よい結果は，好意，安心，信頼など肯定的な関係を作り出し，双方の親密さが深まっていく。不快な結果は，憎悪，不安や恐れ，不信など否定的な関係を作り出し，双方の関係を深めようとしなくなる[3]。

　コミュニケーションのきっかけがつかめなかったり，滞ったりするのは，事例1や事例2のような経験から生じてくることも多いのではないだろうか。事例3のように心地よい結果を返すことでコミュニケーションは円滑に進んでい

くことになるであろう。話しやすい人とは会話が弾み，話しにくい人とは会話が遠ざかってしまう。そこで，次節では，話しやすい人とはどのような人で，話しにくい人とはどのような人なのかを考えてみたい。

> **ワーク**
> 2人ペアになり，図6-4のパターン1とパターン2を意識した会話を行い，その違いを認識してみよう。

3 コミュニケーションのポイント

> **事前チェック** どのような人が話しやすいだろうか，また，どのような人が話しにくいだろうか。

話しやすい人・話しにくい人

われわれは，どのような人だと話をしやすいのだろうか，また，どのような人だと話をしにくいのだろうか。新任職員研修の参加者に「話しやすい人はどのような人か」「話しにくい人はどのような人か」といったテーマで質問してみた。その主な内容を表に記した（表6-2）。

話しやすい人，話しにくい人を新任職員研修参加者のアンケートから整理したが，コミュニケーションをとっていくうえで，読者である皆さんが，話しやすい人となっているのかどうかを再度振り返っていただきたい。むろん，表6-2に掲げた項目すべてがすべての人に当てはまるわけではなく，人それぞれ持ち味があったり，双方の関係性のなかで複雑に要因が絡まったりしているので，一つの要因だけを取り上げて「話しやすい人」「話しにくい人」と決めつけるわけにはいかない。相手にとって遠い立場の存在であったとしても，話しやすい他の要因を兼ね備えておれば十分話しやすい人となるであろう。言い換えると，相手にとって話しやすい人なのか，話しにくい人なのか，ということである。あくまでも参考としてとらえていただきたい。

第❻章　職場のコミュニケーション

表6-2　話しやすい人・話しにくい人

話しやすい人	話しにくい人
話を聞いてくれる人	話を聞いてくれない人
共感できる人（受容してもらえる）	受容してもらえない人
公平な立場で聞いてくれる人	否定的な人
話しかけてくれる人	偏見的な見方をする人（安心できない存在）
信用できる人	信頼できない人
話しやすい雰囲気のある人	話しにくい雰囲気のある人（聞く態度ではない人）
反応のある人	反応のあまりない人
近い立場にある人	遠い立場の人

出典：新任職員研修の参加者の意見をもとに筆者作成。

表6-3　話をするときのポイント

①何を伝えるのか整理する（報告だけでよいのか，情報が欲しいのか，助言が欲しいのか，判断を仰いでいるのかを明確に伝える）	⑪口頭だけではなく資料や図表，ビデオなど視覚的な教材を併用し理解を促していく
②曖昧な表現にしないで具体的な表現方法を用いて伝える	⑫伝達したい内容についてメモなどを活用しポイントや重要事項を記載し相手に渡す
③順序立てて話をする（報告を行う場合は，結論，経過報告，自分の感想や意見の順で述べる）	⑬強調したい点は繰り返し述べる
④要点を簡潔にまとめて話す	⑭非言語コミュニケーションも活用する
⑤5W2Hを踏まえて話を進める	⑮相手の目を見て話す
⑥憶測や個人の意見，感想だけで話を進めないで客観的な事実に基づいた話を展開する	⑯ゆっくりと落ち着いて話をする（攻撃的な口調や一方的な批判・非難的な口調を避ける）
⑦相手の理解の度合いを確認しながら話をする	⑰相手が聞き取りやすい声の大きさやトーンで話をする
⑧相手の理解の程度に合わせて話をする（状況を十分理解できていない人とある程度理解している人とでは話の進め方や説明方法が異なってくる）	⑱ことば遣いに気を付ける（相手に対して敬意をもったことば遣いを用いる）
⑨相手にわかりやすいことばを用いる	⑲話をする相手が話を聞ける体制にある時（手の空いているとき）に話をする（タイミングを考える）
⑩熱意をもって話をする	

出典：「福祉職員生涯研修」推進委員会編『改訂　福祉職員研修テキスト基礎編――仕事の進め方・考え方を学ぶ』全国社会福祉協議会，2006年，68～69頁および新任職員研修の参加者の意見をもとに筆者作成。

話しかけにくい雰囲気である

コミュニケーションのポイント

では，具体的に人と話をするとき，人の話を聞くときに押さえるべきポイントはどのようなことだろうか。職場のコミュニケーションを中心に，話をするときのポイント，話を聞くときのポイント，話し手・聞き手双方に共通してコミュニケーションをとっていくときのポイントを整理した（表6-3，表6-4，表6-5）。

読者である皆さんは，これらのポイントをどの程度実行できているであろうか。できていない項目があれば，今後意識することが大切である。意識したからといって即座に実行できるわけではないが，普段のコミュニケーションを振り返ることで，より実りのあるコミュニケーションへとつながっていくであろう。

コミュニケーションの最中，議論が白熱することもある。自らの主張を押し通そうとして，相手に対して攻撃的な口調や一方的な批判・非難を浴びせたりすることもある。しかし，このような姿勢では，相手は萎縮してしまったり，口を閉ざしてしまったり，防衛的になったり，あるいは攻撃的な口調で切り返してきたりして円滑なコミュニケーションにならなくなってしまう。こうなると，お互い気持ちのなかでモヤモヤとしたものが残り，その後の人間関係にも悪影響を及ぼしかねない。このような事態に陥らないように，相手に対する思いやりをしっかりと意識すべきである。一方で，相手が興奮状態になってきた

表6-4　話を聞くときのポイント

①話し手が何を伝えたいのかを意識しながら聞く（枝葉末節にとらわれず話全体を理解する。話を聞くだけでよいのか，気持ちを理解して欲しいのか，要求に応えて欲しいのか，情報や助言が欲しいのか，判断を仰いでいるのか）	⑨必要に応じて質問を交えながら内容を確認する
②話し手の話を最後まで聞く（途中で遮ったり，途中でわかったつもりになったりしない）	⑩必要に応じて重要な内容をメモ書きする
③話し手の話を一方的に否定しない（一旦話を聞いて受け止めたうえで自分自身の意見を述べる）	⑪理解した内容が正しいかどうか確認する
④抽象的なレベルではなく，具体的なレベルでの理解に努める	⑫複数の要件のときは，最後に内容をもう一度確認する
⑤表面的な内容にとどまらず，背景にあるものを理解する	⑬都合の悪いことだからといって話をそらさない
⑥話し手の表情やジェスチャーなど非言語コミュニケーションにも気を配り，話の内容だけでなく気持ちや感情も含めて理解する	⑭相手（の話題）に興味を持ち，聞くことに集中し，聞くという姿勢を話し手に伝える
⑦笑顔で聞くなど表情豊かにする	⑮相手の目を見る
⑧共感的態度で受け止めながら聞く	⑯うなずきや相槌を入れて話を促す

出典：表6-3と同じ。

表6-5　コミュニケーションにおけるポイント

①相手に対して敬意をもって対応する	⑦話の焦点をしっかりと押さえておく
②高圧的，威圧的，攻撃的な態度で接しない	⑧事実と推測や憶測あるいは個人の意見や感想とを区別する
③感情的にならない	⑨双方向のコミュニケーションを行う
④きつい口調にならない	⑩双方向の心を通わせる（双方が相手を理解しようと努めること）
⑤自分の意見を相手に押し付けない，相手の立場や想いを考えながら話をしたり聞いたりする	⑪具体的なレベルでの理解まで掘り下げる
⑥落ち着いた雰囲気のなかでゆとりをもってコミュニケーションに集中する	⑫重要な事柄や込み入った内容については極力第三者を通さず直接コミュニケーションを行う

出典：表6-2と同じ。

際には，自分自身の気持ちを落ち着かせるよう意識し，意図的に冷静に聞くことを心がけるとよい。まずは，相手の言い分や想いを聞くことに専念し，心を落ち着け聞くことを心がけると，やがて相手も落ち着きを取り戻すであろう。

　対人コミュニケーションは心と心の触れ合いだと述べた。赤裸々な感情を表現してもうまく理解してくれる人もいれば，一方で第三者に伝わっても良い言い方しかできない人，つまりことばを選んで話をしなければならない人もいる。また，なにげない一言で相手を傷つけたり，不安にしたり，不愉快にさせたりすると冒頭で述べたが，一方でなにげない一言で勇気づけたり，安心感を与えたりもするのである。心の通ったコミュニケーションは双方の信頼関係のもとに成り立っているといえよう

> **ワーク**
> あなたが，職場の人たちとのコミュニケーションで意識していることは，どのようなことだろうか。
> 振り返ってみよう。

4　報告・連絡・相談（ホウレンソウ）

事前チェック　あなたの職場は，報告・連絡・相談（ホウレンソウ）が円滑に行われているだろうか。

報告・連絡・相談（ホウレンソウ）の重要性と意味
　職場のコミュニケーションは，物事や出来事といった情報を単に伝達すればよいときもあれば，話し手と聞き手の相互理解を深める必要のあるときもある。いずれにせよ，円滑なコミュニケーションのもと，情報の共有ができて初めて心を一つにし，業務遂行が可能となるのである。一方，職場のなかで何か問題が発生したときに責任を取るのは組織の長である。それが組織である。したがって，上司が状況を把握しておく義務があると同時にメンバーも上司に情報を提供する義務がある。

表6-6 ホウレンソウとは

報　告	・職務上の事柄について，その経過や結果など関係者に知らせること。命令・指示・依頼されたものに対しての結果報告と，必要と考えたことを適宜，自発的に報告するものがある
連　絡	・報告と似てはいるが，自分の意見はつけ加えず簡単な事実情報を関係者に知らせること
相　談	・自分が判断に迷うようなとき，上司・先輩あるいは同僚に参考意見やアドバイスを聞くこと。上司の指示が若干不明確でどうしたらよいかわからないとき，方向，進路を確認すること。

出典：今井繁之『頭を使ったホウ・レン・ソウ』日本実業出版社，1998年，10頁。

仕事を円滑に進めていくために「報告・連絡・相談（ホウレンソウ）」は欠かせない重要なコミュニケーションである（表6-6）。ホウレンソウは，上司と職員といった職場の上下関係だけでなく，部署間，部署内の同僚間，外部の関係者との間でも執り行われるものである。

報告・連絡・相談（ホウレンソウ）の進め方

利用者支援に携わる福祉現場では，利用者に関する内容は，速やかにホウレンソウを行い，情報の共有を図るとともに，組織として迅速に対応しなければならない。なかでも，利用者の生活面の変化や出来事に関することで気づいたことは些細なことであっても，ケア記録に記載したり，申し送りで伝達したりするなどして報告や連絡を確実に行うことが重要である。

自分の失敗やミスについてもしっかりと報告を行うべきである。都合の悪いことは，つい後回しになりがちだが，そのままにしておくと大きな問題に発展しかねない。また，報告を行う際にも自分が不利になる内容を避け，自分をかばうような報告や言い訳がましい報告になってしまうこともあるが，素直に失敗やミスを認めることが重要である。その方が報告を受ける上司も受け止めやすいものであり，事実を踏まえたうえで次の対応策を模索できる。素直に失敗やミスを認め，次につなげる努力をする職員こそ，評価に値すべき職員である（表6-7，表6-8）。

メンバーは，リーダーとのコミュニケーションを求めているし，リーダーも

表6-7　どのようなときにホウレンソウを行うのか

①何をしてよいのかわからないとき	⑦緊急事態が生じたとき
②与えられた仕事の指示を仰ぐとき（仕事の目的，目標，方針，進め方や段取りなど）	⑧トラブルが発生したとき
③仕事を進めるうえで困ったことが生じたとき（どうしたら良いかわからないとき，判断できないとき，対応しきれないときなど）	⑨仕事の引き継ぎを行うとき
④新たな情報を入手したとき	⑩先輩や上司からホウレンソウを行うように指摘を受けている事項があるとき
⑤新たな気づきや疑問が生じたとき	⑪プライベートな面で悩んでおり仕事に支障が生じているとき
⑥急な変更が生じたとき	⑫仕事そのものに疑問を感じたり行き詰まったりしたとき

出典：表6-2と同じ。

表6-8　利用者支援に関するホウレンソウの機会

①利用者や家族とのかかわり方で悩んでいるとき	⑤職員と利用者との間でトラブルが生じたとき
②利用者支援に行き詰まってしまったとき	⑥利用者同士のトラブルが生じたとき
③利用者の体調面，情緒面，行動面の変化に気づいたとき	⑦利用者に関する新たな情報を入手したとき
	⑧利用者や家族から訴えや要望があったとき
④利用者の事故や怪我など突発的な事態に陥ったとき	⑨利用者とのかかわりのなかで失敗やミスをしたとき

出典：筆者作成。

メンバーとのコミュニケーションを求めているのである。しかし，双方のコミュニケーションが機能しておらず，ストレスを感じているのである。リーダーがメンバーの業務を見守ることも大切であり，むやみやたらと話しかけることがベストとはいえないかもしれない。しかし多くの場合は，相手が話しかけてくれるのを待つのではなく，自ら積極的に話しかけたり問いかけたりすることからコミュニケーションは始まるのである（表6-9，表6-10）。そのきっかけが，挨拶であったり，ホウレンソウの徹底であったりする。

　一方，ホウレンソウを受ける側も配慮すべきポイントがある。ホウレンソウを受ける態勢を意識することが重要である。メンバーがホウレンソウを行いや

第❻章 職場のコミュニケーション

表6-9 ホウレンソウを行う際のポイント

方　法	・文章で行うのか口頭で行うのかを考える（複数の項目がある場合はポイントを箇条書きにする。日時，場所，金額，人名などが入る場合はメモ書きする。重要な項目はマーカーなどを使用しわかりやすくする，申し送り事項は部署内のノートなどに5W2Hを踏まえしっかり書きとめる ・内容を整理し相手に何を伝えるのか明確にし（単なる報告か，情報や助言を求めているのか，判断を仰いでいるのか），正確に，わかりやすく，漏れの無いように，要点を整理し簡潔に伝える ・必要に応じて図表やデータなど視覚的に訴える
時　期 （タイミング）	・必要が生じたら速やかに行う ・相手が話を聞く態勢にあるときに行う（「今，お時間いいですか」と声をかけ，相手の都合を確認する。相手が忙しいと中途半端なホウレンソウしかできないので，相手が話を聞くことのできる時間を設定してもらう） ・時機を逃さない（緊急を要することや重要なことは速やかに行う。タイミングがずれると大きな問題へと発展する恐れがある） ・緊急でない場合で相手が不在の場合は，まずメモに記載し相手の机などに貼り付けたり，メールで用件を知らせたりする
配慮点	・相手の立場を配慮しつつ行う ・感情的になるのではなく冷静に行う

出典：「福祉職員生涯研修」推進委員会編『改訂　福祉職員研修テキスト基礎編――仕事の進め方・考え方を学ぶ』全国社会福祉協議会，2006年，72～73頁および新任職員研修の参加者の意見をもとに筆者作成。

表6-10 ホウレンソウの方法

報　告	1．指示された仕事が終わったらすぐに報告する 2．時間のかかる仕事については中間報告を行う 3．新たな情報を入手した場合に報告する 4．トラブルや事故が発生したら速やかに報告する 5．報告は，①結論，②経過，③意見や感想の順で行う 6．事実と感想や意見，憶測を区別して行う
連　絡	1．どのルートでだれに行うのかを明確にする 2．こまめに，関係者全員に伝達する 3．急な変更など緊急性や必要性の高い内容は速やかに行う 4．変更の場合はなぜそうなったのかの理由も伝える 5．5W2Hを盛り込み相手が理解しやすいよう配慮する 6．自分の意見や感情を盛りこまないで事実を伝える 7．連絡内容が伝わっているかどうか確認する
相　談	1．何に困っているのか，問題点を整理する 2．だれに相談するのかを決める 3．何を相談するのか（情報をもらうのか，意見をもらうのか，判断を仰ぐのか，具体的な援助が欲しいのか）を明確にする 4．疑問が生じたら自分勝手に判断しないで先輩や上司，関連する人に相談する 5．困りごとの場合は，まず自分で努力してから相談する 6．ある程度自分の意見も整理しておく 7．相談した結果を必ず報告する

出典：「福祉職員生涯研修」推進委員会編『改訂　福祉職員研修テキスト基礎編――仕事の進め方・考え方を学ぶ』全国社会福祉協議会，2006年，72～73頁，ビジネス実務研究会編『新社会人のための仕事の基本――ビジネスマナー編』日本能率協会マネジメントセンター，2007年，68～77頁および新任職員研修参加者の意見をもとに筆者作成。

表6-11　ホウレンソウを受ける際のポイント

①メンバーが話しやすい雰囲気を作る（忙しそうにしていたりイライラしていたりすると，メンバーは話しにくい。どうしても時間がとれないときは，手の空く時間帯を提示する）
②リーダー側から声をかけるなどメンバーが話をしやすいきっかけづくりを行う（メンバーからのホウレンソウを待つばかりではなく，リーダーからメンバーとのコミュニケーションの機会を提供する）
③最後までしっかりと話を聴く（途中で遮って意見を述べたり，わかったつもりになったりしない）
④ホウレンソウの内容を聞いて感情的になったり怒ったり，あるいは小馬鹿にしたり一方的に否定したりしないで，冷静に聞くことを心がける
⑤メンバーからのホウレンソウの内容は，事実なのかメンバーの意見や憶測なのか，伝えられた内容を十分吟味しながら聴く
⑥ホウレンソウの内容を受けてリーダーとしての意見を述べる前に，メンバー自身がどのような思いでいるのか，どのような考えをもっているのかを確認する（「そのことについてあなたはどう思っていますか」「あなたはどうしたらよいと考えていますか」といった質問を投げかけてメンバーの想いを確認する）
⑦話の最後にホウレンソウの内容について誤解や無理解がないか確認する
⑧最後にねぎらいの言葉をかける

出典：津田耕一『施設に問われる利用者支援』久美，2001年，170～171頁。

これではホウレンソウをする気にはなれない

すい雰囲気づくりが何よりも大切である。そして，相手の話をしっかり聞き，何を伝えようとしているのか，どのような想いでいるのかを確認することが求められている（表6-11）。

> **ワーク**
> あなたの職場を振り返り，ホウレンソウの状況を確認してみよう。そのうえで，さらにより良いホウレンソウを行うためにどのようなことを心がけるとよいかを考えてみよう。

5　職場の会議

事前チェック　あなたの職場の会議は，自由活発に意見の言える雰囲気だろうか。

意味ある会議に向けての取り組み

職場では，状況を把握したり，意思の統一を図ったり，物事を決定していく場として会議が頻繁に行われている。会議は目的に応じていくつかの種類がある（表6-12）。

Check Point!　会議の意義[4]
- ▷　関係者間で合意形成ができる
- ▷　組織全体として最良の意思決定ができる
- ▷　直接顔を合わせることで，迅速な意思決定ができる

貴重な時間を割いて会議を行うのである。会議を有効に活用し，業務に生かさなければならない。ところが，会議を開催しても議論が深まらなかったり，議論しても結論が出なかったりして目的を達成しなければ会議の意味がない。特定の個人だけが発言して他のメンバーはほとんど沈黙状態で会議が進行し結論が偏ったり，意見がまとまらず収拾がつかなくなったりした経験はないだろうか。会議は，参加したメンバーの積極的な参加のもと自由闊達な意見交換が

表 6-12　会議の種類

目的	内容
状況把握	部署内の状況（利用者に関すること，職員の状況，部署そのものの状況），業務の進捗状況について情報交換を行い，状況把握や意思の疎通を行う
情報伝達	上司から部署内に目標，方針や考え，戦略などを伝える
意思決定	物事を進めていくにあたって，状況を把握し，どの方向に進むのか，どのように行うのかを決定する
問題解決	職場，部署内で発生した問題を解決・改善するために，対応策を考える
発想	さらなる向上を目指して，自由な発想で意見を交換し，アイデアを募る

出典：「福祉職員生涯研修」推進委員会編『改訂　福祉職員研修テキスト基礎編——仕事の進め方・考え方を学ぶ』全国社会福祉協議会，2006年，75頁，ビジネス実務研究会編『新社会人のための仕事の基本——ビジネス実務編』日本能率協会マネジメントセンター，2007年，118〜121頁をもとに筆者作成。

表 6-13　理想的な会議とそうでない会議の違い

	理想的な職場の会議	よくない職場の会議
会議前	・会議の議題や目的をあらかじめ理解し，自分なりの意見をもって会議に臨む	・会議の議題や目的を理解しておらず，事前配布の資料にも目を通していない
会議中	・参加メンバー全員が自由闊達に意見が言い合える ・会議の場でしっかりとした議論がなされている ・他のメンバーの発言を尊重しつつも自ら意見を述べることができる	・特定の個人だけが発言して決まってしまう ・下を向いたままほとんど発言が見られない ・メンバーの意見を頭ごなしに否定する雰囲気がある
意思決定	・多様な意見が出ても司会進行リーダーが総合的に判断し結論を出す ・限られた時間を有効に活用している	・リーダーが独断で決定してしまう ・意見がまとまらず，収拾がつかなくなり，リーダーが決断できない ・時間だけが過ぎ去っていく
会議後	・会議の決定事項に職員が従い，業務が進む	・会議の決定事項に職員が従わない ・会議の場で発言せず，終了後ひそひそ話が横行する

出典：筆者作成。

なされてこそ意味があるのである。むろん，活発な意見交換がなされて次回に持ち越す継続審議となることもある。いずれにしても，生きた会議を心がけるべきである（表6-13）。

　会議を円滑に進めていくために以下の点に留意すべきである[5]。

これでは会議とはいえない

参加者の留意点

① 意見をまとめて要点を話す。だらだらと話をしない。
② 冷静な意見交換を行う。感情的になったり攻撃的な口調になったりしないよう留意する。
③ 他のメンバーの話をしっかりと聞いたうえで自分の意見を述べる。会議を独り占めしない。他のメンバーの話を途中で遮ったり，一方的に反対意見を言い返したりするようなことを慎む。単に反対意見を述べるだけでなく，相手の立場を尊重しつつ，どうすればよいのかといった建設的な意見を述べるようにする。
④ 他人任せにしない。会議に参加している以上，意見をしっかりと述べる。陰で愚痴を言わない。

司会進行役の留意点

① 時間を厳守する。業務の合間を縫っての会議であるため，開始時間を守ると同時に，だらだらと会議をするのではなく終了時間も意識する。
② 問題の本質を探るために，すぐ結論を出すのではなく，突っ込んだ意見交換ができるよう配慮する。
③ メンバーの意見を要約・確認することで，焦点を絞っていく。これによって，問題の本質（議題の中心課題）が明確になる。

④ 参加メンバー全員が発言できるよう配慮する。発言者が偏らないよう，タイミングを見計らって意見の出ないメンバーを指名して意見を求める。
⑤ 問題の本質から外れないようにする。議論が白熱すると，本題からずれることがあるので，そのような場合は軌道修正を行う。
⑥ 公平な立場で議事進行を行う。司会進行者が意見を押し付けることのないよう，メンバーの意見を引き出せるよう努める。
⑦ 意見が分かれたときやまとまりがつかないときは，リーダーとして決断する。安易に折衷案を提案したり，判断を回避したりしない。責任者としての権限と責任で結論を出すように努める。場合によっては次回の会議での継続審議もありうる。
⑧ 会議の最後に会議内容の確認を行い，参加者へねぎらいのことばをかける。

> **ワーク**
> あなたの職場の会議は，目的に応じて理想的な会議となっているだろうか。問題があるとしたら，どのようなことだろうか。

注
1） 松岡敦子「アセスメントにおける技法とツールの意味」『ソーシャルワーク研究』第26巻第4号，2001年，4〜10頁。
2） 大坊郁夫『しぐさのコミュニケーション――人は親しみをどう伝えあうか』サイエンス社，1998年，138頁。
3） 同前書，176〜177頁。
4） ビジネス実務研究会編『新社会人のための仕事の基本――ビジネス実務編』日本能率協会マネジメントセンター，2007年，119頁。
5） 津田耕一『施設に問われる利用者支援』久美，2001年，179〜181頁。

参考文献

白石大介『対人援助技術の実際——面接技法を中心に』創元社, 1998年。
今井繁之『頭を使ったホウ・レン・ソウ』日本実業出版社, 1998年。
津田耕一『施設に問われる利用者支援』久美, 2001年。
「福祉職員生涯研修」推進委員会編『改訂　福祉職員研修テキスト基礎編——仕事の進め方・考え方を学ぶ』全国社会福祉協議会, 2006年。
ビジネス実務研究会編『新社会人のための仕事の基本——ビジネスマナー編』日本能率協会マネジメントセンター, 2007年。
ビジネス実務研究会編『新社会人のための仕事の基本——ビジネス実務編』日本能率協会マネジメントセンター, 2007年。
津田耕一『利用者支援の実践研究——福祉職員の実践力向上を目指して』久美, 2008年。
日本能率協会マネジメントセンター編『ビジネスマナーがかんたんにわかる本』日本能率協会マネジメントセンター, 2009年。

第7章

職場の問題解決

1　問題意識の重要性

(事前チェック)　あなたは職場の問題を意識しているだろうか。

問題意識を持つこと

　職場には実にさまざまな問題がある。「問題のない職場はない」といっても過言ではない。問題とは，「(解決すべき) めんどうな事柄」「(解決を求めるために) 取り上げるべき事柄」という意味である。[1] いわば問題とは「解決すべき事柄」ともいえよう。具体的には，日々の業務のなかで，事故，トラブル，苦情といった形で突発的に発生する問題がある。職場では毎日のように，突発的な出来事や予想外の出来事が起こっているのではないだろうか。

　しかし，問題は日々の業務のなかで突発的に発生するものばかりではない。業務改善に関する問題意識を持つことが大切である。業務の進め方にムダ，ムラ，ムリはないだろうか。あるいは，職員の意欲が低下していないだろうか。さらには，日々のルーティンワークに流され職員主導に陥っていないだろうか。このように，現状のままでは円滑な業務が遂行できないといったことや，現状のままではやがて職場は駄目になるといった，何とか現状を打破したいというマイナスに向かうことを食い止めるために問題を意識することがある。

Check Point!　ムダ・ムラ・ムリの意識化
▷　限られた人財・財源を最大限有効活用するために，福祉現場といえども業務を効率的・効果的に進めていく必要がある。業務の重複や漏れはないか，職員間によって極端に業務の偏りはないか，過重な労働過多になっていないかを見直し，より速く，より正確に，よりスムーズな業務遂行の方法を模索しなければならない。

第7章 職場の問題解決

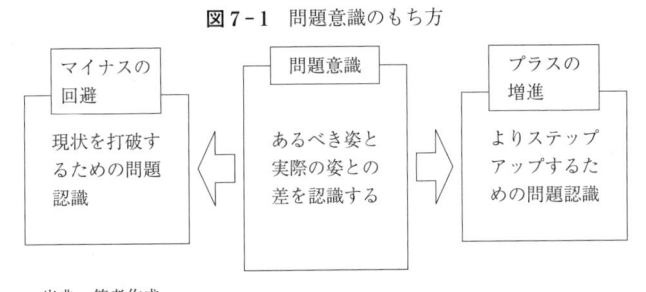

図7-1 問題意識のもち方

```
マイナスの     問題意識      プラスの
回避          ←         →   増進
現状を打破す   あるべき姿と    よりステップ
るための問題   実際の姿との   アップするた
認識          差を認識する   めの問題認識
```

出典:筆者作成。

　一方で,職場のさらなる飛躍を目指したプラスに向かうことを意図した現状に満足しないステップアップのために問題を意識することもある。素晴らしい実践を行っている職場でも完全ではない。さらなる向上を目指して,現状に問題意識を持ち,改善を行っていくべきである(図7-1)。

　よって,現在起こっている問題と将来予想される問題とに分けることもできる。いずれにせよ,本来のあるべき姿と実際の姿とのズレを感じることから職場の問題を意識することができるのである[2]。

　世の中は日々変化している。昨日まで常識だったことが今日から常識でなくなることもある。それほど急激でないにしても数カ月単位で情勢が変化していることも多い。職場において一旦定まったことを未来永劫繰り返していては何の成長も見られない。昨年と同じ目標を立て同じ実績を達成できたとしても,世の中が変化・成長しているなかではマイナスに等しい[3]。また,時代の変化に対応できなければ福祉サービスは低下につながっていく。そうなると,職場全体が沈滞化し,守りの姿勢に入り,新しい取り組みや変化を嫌う傾向に陥ってしまう。これでは職員の士気が低下し,向上が見られない。

　組織は,人によって構成されている生き物でもある。「昨日とは違う私が存在する」ように,「昨日と違う組織が存在する」のである。いきなり組織の変革を目指した大きな改革は困難かもしれない。日々の業務を振り返り,現状を整理したうえで,問題点を見出し,自分でできる小さな改善から取り組むべきである。志を同じくする仲間が職場には必ず存在する。小さな改善を実践すれ

139

職場の問題に目を向けていない

ば賛同者が現れ，仲間が増えるだろう。問題意識をもつことが組織に一石を投じることとなり，改善の輪が広がっていくのである。

Check Point! 改善と改革
- ▷ 改善とは：日々の業務の悪い所を直して，よりよく進めていくために見直しを行うこと。
- ▷ 改革とは：古い体制や考えを改め，新しい時代に適合するためにはどうあるべきかを考え見直し改めること。

本来のあるべき姿を目指して組織を活性化し活気溢れる職場とするために，常に業務のあり方を見直し，改善や改革を心がけていかなければならない。職場の問題解決に向けて，あるべき姿だけを述べるのではなく，問題解決，改善につながる具体案の提示が必要である。問題提起だけして「あとは任せます」といった丸投げでは一向に進展しない。それぞれの職員の置かれている立場で何ができるかを考え実行することが大切である。

図7-2 基本理念への立ち直り

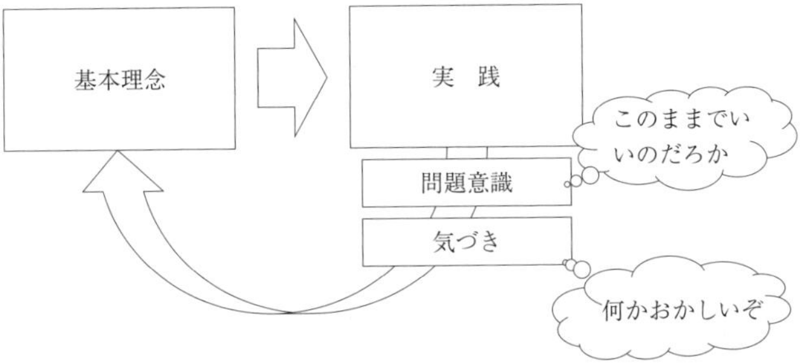

基本理念 ⇒ 実　践

　　　　　　　　　　　このままでいいのだろうか
　　　　　　問題意識
　　　　　　気づき
　　　　　　　　　　　何かおかしいぞ

出典：筆者作成。

Check Point! 　改善・改革を促すポイント

▷　仕事に対して前向きな気持ちを持っているだろうか。
▷　従来の進め方に慣れてしまい，マンネリ化していないだろうか。
▷　職場の現状に新たな視点や問題意識をもっているだろうか。
▷　新任職員などのフレッシュな目で見た疑問を見過ごしていないだろうか。
▷　「おかしい」と思ったことをそのまま放置していないだろうか。
▷　面倒だからといって，改善を拒む風土が職場にはないだろうか。
▷　一人からでも取り組むことのできる小さな改善を忘れていないだろうか。
　　　　　　　　　⇩
▷　自分にできる小さな改善からから始めよう。

基本理念への立ち返り

　皆さんの職場は，基本理念と日々の実践は同じ方向に向いているだろうか。基本理念は，「利用者の想いを尊重しその人らしい生活を支援する」となっているのに，日々の実践で身体拘束や体罰を行っているといった実態があるとする。身体拘束は安全確保のために仕方のないこと，体罰は指導や訓練のために仕方のないことだとあきらめたり，あるいは納得したりしていないだろうか。

　基本理念と異なった実践を行っているという気づきや，身体拘束や体罰を行ってはいけないという問題意識が重要である。利用者支援の基本に立ち返って，

表7-1 職場の問題

項　目	内　　　容
職場の基本理念	・基本理念があいまいで，職員間で共有できていない ・基本理念に沿った実践が行われていない ・それぞれの職員が個人の考えを優先し，ばらばらに動いている
組織上に関する項目	・時間的にゆとりがなく，じっくり業務に取り組むことができない ・職員の入れ替わりが激しく定着しないため人財不足に陥っている ・職員の入れ替わりが激しく定着しないため積極的な取り組みができない ・労働過多で心身ともに疲労している ・同じようなヒヤリハットや事故が繰り返される ・昔からの習慣が強く，新しく入ってきた職員の意見が通りにくい
コミュニケーション	・職員間で挨拶ができていない ・職員の勤務形態が不規則で一堂に会しての会議が開催できず，情報の共有ができない ・特定の職員との会話に偏ってしまい，職員間のコミュニケーションが不足している ・業務が忙しく，十分な打ち合わせができない ・上司と職員とのコミュニケーションが不足している ・上司が現場の状況を十分理解できていない ・申し送りや引き継ぎが不十分で情報漏れがある ・会議・ミーティングの決定事項や申し送り事項の情報の共有ができていない
チームワーク	・特定の職員の意見に左右され，メンバーの意見が十分反映されない ・会議が長くて内容が薄い ・会議の議題が不明瞭で決定事項が不明確である ・会議でいろいろな意見が出るが，まとまらない ・会議等で決定したことが順守できない ・介護職や看護職など各専門職がそれぞれの立場で意見を主張するため，職種間の連携がとれていない ・部署内の職員同士で連携がとれていない ・業務が忙しくて他のメンバーのフォローやサポートに入る体制がとれていない ・仲良しグループができて利用者支援に支障をきたしている ・特定の職員が逸脱した行動をとりチームワークが乱れている
リーダーシップ	・上司間の意思が不統一である ・上司がワンマンで，意見を言えない雰囲気がある ・リーダーが物事を決めてくれない ・リーダーが現場に任せきりでサポートしてくれない ・上司に仕事に対する意欲が感じられない
人財育成	・現場では新任職員といえども即戦力を求められているが，十分な教育を受ける機会や時間がない ・先輩によって教える内容が異なっており，誰を信じたらよいか困惑している

人間関係	・悩みごとの相談をできる人がいない ・年上の職員や先輩職員にどう接していけばよいかわからない ・職員間の人間関係が悪く，チームとしてのまとまりがない
利用者支援	・職員主導になっており，利用者主体となっていない ・個別支援より集団管理が優先してしまっている ・利用者の見守りや安全がおろそかになる ・業務中に仕事とプライベートの区別が付いておらず，私語をして利用者支援に専念していない職員がいる ・職員間でケアのあり方が統一されておらず，利用者支援に関する考え方が違う ・利用者の自立支援に目を向けるよりも，ルーティンワークに終始しようとする傾向がみられる

出典：新任職員研修の参加者の意見をもとに筆者整理。

何が本質なのかを見つめ直すべきである（図7-2）。そして，安全を確保したうえで身体拘束を行わなくてよい方法はないのか，体罰を行わなくとも利用者支援を実施できる方法はないのかを模索していくのである。身体拘束を行っているからだめな職場だ，と決めつけてしまうのではなく，何とか改善できないものかといった前向きな気持ちをもって一歩を踏み出してほしい。

> **ワーク**
> あなたの職場を振り返り，改善や改革を要することを整理してみよう。
> それはどのようなことだろうか。

2　職場の問題と改善に向けて

事前チェック　福祉現場にはどのような問題があるだろうか。

職場の問題

　福祉現場にはどのような問題が生じているのだろうか。新任職員研修で出された内容を精査し，整理した（表7-1）。職場の根幹にかかわる問題から日々の業務の進め方に関する問題まで多様な問題が提起されている。
　新任職員の感じている職場の問題は実に多様である。職場の種別や事業形態，

ヒヤリハットを放置しない

組織形態など置かれている状況は多種多様であり当然のことといえよう。とりわけ多くの職員が取り上げている内容をまとめてみると，職場の悪しき習慣，職場の人間関係，チームワークの問題，職場内のコミュニケーションが不十分，時間に追われてのゆとりのなさ，労働過多，人財不足，上司のリーダーシップ不足，人財育成が不十分といった問題が指摘されている。これらの問題が慢性化していると職員の業務に対する気力が低下し，利用者支援に悪影響を及ぼすことにつながっていくのである。

職場の問題解決事例
　職場の問題に対してどのような改善策が考えられるのだろうか。代表的な職場の問題と改善策を事例形式で整理した。なお，職場の状況は千差万別であるため，以下の事例は，解答を示しているのではなく，改善に向けての考え方を示したものであることをご承知置きいただきたい。
事例1——部署の職員が目標に向かって一つになっていない。
　ある福祉現場では，基本理念が十分浸透しておらず，職員間で共有できていない。基本理念についての説明は新任職員対象に行っているものの，その後はまったく行われていない。基本理念を書いたカードを全職員に配布しているだけで周知が不十分であった。よって，基本理念を十分理解できていない職員が

大半で，基本理念を唱えることができても抽象的な理解にとどまっているため，具体のレベルでは一つにまとまっていない。職員それぞれの想いで動いている。

そこで，基本理念を共有するために，日々の申し送りの時間などを活用して，基本理念を唱和するとともに，基本理念の意味についての説明を施設長から受けるようになった。これで，職員も基本理念の意味について少しずつ具体的なイメージを描くことができるようになった。

施設長や課長の指示で，基本理念を反映させた部署の目標や支援計画を意識するようになり，そのために何をすればよいのかといったことについて，それぞれの部署内で話し合いの時間を多く割くようにした。特に主任級職員が中心となって，部署内の職員と一緒に実践レベルで基本理念を理解するよう努めた。職員間で，基本理念に沿った実践とはどのようなものか，自分たちの実践は基本理念に即したものとなっているのかを意識するようになった。これによって，部署の目標を共有でき，意思の統一を図り，同じ方向を意識した取り組みができるようになった。

ポイント　職場の基本理念に基づいた実践を行うために，意思の統一を図る必要性を感じた施設長が，基本理念とその意味説明を行い職員への理解を促し，それに基づいた目標を意識するよう指示を出した。そして，主任級職員が中心となって，定例以外にも職員間の話し合いの場を持つようにしたことなどが改善の要因である。基本理念を大切にし実践レベルでの理解につなげることで，職員の理解が得やすく業務にも反映させることができるといえよう。

事例2――申し送り事項や引き継ぎ事項がすべての職員に十分伝達されない。

ある入所施設では，毎日朝と夕方にミーティングを開き，引き継ぎを行っている。ミーティングの際には細かな情報交換がなされて参加した職員は理解できているのだが，参加していない職員には利用者の体調に関することや急な変更事項についての漏れが多く，トラブルとなることが多い。連絡ノートを作成しているのだが，記入漏れがあったり記載されていても箇条書き程度であったりするので細かな状況までは理解しづらいものとなっていた。入所施設であるため，すべての職員が一堂に会してミーティングを開くことはできず，申し送

りで確認されたことが周知できない状況だった。

　現場から，このような状況が続くと大事故が起こりかねないと危惧する声が上がり，主任を中心に申し送りや引き継ぎのあり方について方策を立てることとなった。申し送りや引き継ぎを徹底するにはどうすればよいか，さまざまな角度から検討を行った。

　まず，どのような内容が伝わっていなかったのかを分析して，申し送りや引き継ぎ事項の記載すべき項目を確認しあった。そして，記載方法についても検討された。短いミーティングの時間内に細かな状況のすべてを連絡ノートに記載するのは不可能であるが，利用者の状況報告や対応方法，本日の予定，変更点，その他の連絡事項など項目ごとに記載するようにした。

　そして，報告者を記載することで詳細についてだれに確認すればよいのかを明確にしたり，別の記録日誌などに詳細が記載されている場合はその記録日誌がわかるようにして，ミーティングに参加していない職員が理解できるよう工夫した。しかも，ノートへの記載者の署名を付けることで，疑問等があれば記載者に確認できるようにもした。

　さらに，職員は出勤時に必ず連絡ノートに目を通し，不在の間にどのようなことが起こって，どのような話し合いがなされたのかを確認してから業務に就くことを徹底した。すべての職員に周知させるため，閲覧した際にサインをするようにした。これによって，全職員が申し送りや引き継ぎ内容を確認することを徹底できたのである。

　一方で，各部署では，利用者の状況に関することや急な変更などについて情報の漏れがないようにお互い声を掛け合うようにし，周知していった。「連絡ノートに○○と書いてあったね。これって，○○らしいよ」とか「連絡ノートにも書いてあると思うけど，今朝のミーティングで○○について報告があったよ」と現場のなかで情報提供し合っていったのである。これによって職員間のコミュニケーションが活発になり，情報の共有がより一層図られるようになった。

　ポイント　現場職員から現状を憂えた声が出され，主任がそのことを真摯に

受け止め，動いたことが改善のきっかけとなった。情報伝達不足の原因を探り，連絡ノートへ記載すべき項目や書き方といった記載方法を工夫した。そして，全職員が出勤時に必ず閲覧し，不明な点については確認するよう徹底している。また，情報の共有を連絡ノートだけに頼らず，部署内で職員同士が声を掛け合うようにしたことはきわめて重要なポイントである。これによって，職場のコミュニケーションの活発化につながったり，職場の人間関係にも良い影響を及ぼすようになったりした。

事例3──連絡ノートを使用しての情報の共有ができていない。

　ある施設では，毎日の申し送りだけでは十分情報の共有ができないため，連絡ノートを有効に活用して，情報の共有を図っていこうとしていた。ところが，いろいろな原因で連絡ノートへの記載が十分行われていなかったため，トラブルが発生していた。職員間で葛藤が生じ始め，チームワークに悪い影響が出始めた。そこで，なぜこのようなことが起こるのか，原因を考え，対策を取ることとした。

　原因として，業務が忙しく連絡ノートに記載する時間がとれない，記載するのを忘れていた，この程度の出来事なら記載しなくてもよいだろうと思っていた，口頭で伝えたので記載する必要はないだろうと思っていた，上司に報告したので上司から他の職員に伝えてくれるだろうと思っていたなどが挙げられるのではないか，と考えられた。

　連絡ノートの重要性を職員間で再度認識するために，主任が毎日のように会議で職員の意識を促していった。単に口頭で伝えるだけでなく，連絡ノートへの記載を徹底した。職員間でもどのような内容をどのように記載すればよいのかを話し合い，見本となる職員の記載方法や記載事項を参考にした取り組みを行った。そして，「ヒヤリハット」は小さなことでも記載するよう徹底した。

　特に，緊急事項や重要事項は近くにいる職員に口頭で伝えるとともに，事務所内のホワイトボードへ記載し，周知を図った。また，連絡ノートへの記載を重要業務と位置づけ，職員に記載する時間を保障したうえで，記載時間を短縮するために様式を整え，簡便に記載できる工夫を凝らした。これによって，職

員間で記載すべき内容が徐々に共有でき，情報漏れが少なくなった。

　別の施設では，パソコンを事務所，医務室，介護員室などに導入し，すべての職員が操作できるようにして，申し送りや連絡事項に留まらず，利用者の体調や出来事，支援の状況などをかかわった職員が時間を見つけて打ち込むようにしている。これらの情報はパソコンを操作することによって，いつでもどこにいても瞬時に確認できるのである。そして，業務に就く前に必ずパソコンで確認することを徹底している。

　ポイント　事例2と同じように，情報を職員間で共有できていないことを問題視する事例である。情報共有が図られないと，職員間で葛藤が生じたり業務に支障が生じたりする。このまま放置するのではなく，原因を追究し，連絡ノートへの記載の必要性を意識した主任が会議等で周知を図り，記載すべき内容を職員同士で確認し合っている。「これくらいはいいだろう」といった認識ではなく，共有化の意識が芽生え，ホワイトボードを活用した点も評価できる。

　連絡ノートへの記載事項や方法は単に頭のなかだけで理解するのではなく，見本を提示したことでより実践的理解につながったといえる。さらに，連絡ノートへの記載時間を短時間でも保障した勤務体制を整えたことや，記載に向けた書式を整理したことも大きな成功要因といえよう。

事例4——同じようなヒヤリハットや事故が何度も繰り返される。

　ある施設では，事故が発生しそうになっても職員がそのことに気づかず見過ごされてきた，あるいは気づいていても指摘し合うことがほとんどなかった。利用者の転倒といった事故が起こっても，その場しのぎの対応しか行わず，根本的な解決策が考えられてこなかった。大きな事故が起こりかねないが，職員も日々の業務や対応に追われるばかりで予防策を考えるゆとりがなかった。また，職員間で事故に関する認識が異なっており，同じ出来事でも重大事故と受け止める職員と「これくらいなら事故とはいえない」と放置する職員がいる。職員間の意識の相違は，対応の不統一につながり，重大事故を招きかねない。リスクマネジメントの観点からも見過ごせない状況になっていた。

　このような状況を憂えた志のある介護職員たちが，リーダーや主任に相談を

持ちかけた。施設ぐるみで取り組むべき問題であることから、介護課長、施設長へと報告が上がり、本格的に取り組むこととなった。施設長の指示のもと介護課長が委員長となり、事故発生予防の委員会を立ち上げ、委員会を中心にヒヤリハットの基準を設け、職員に周知した。

　基準の策定については、委員会のメンバーが日々の現場を振り返って項目を挙げるとともに、他の施設にも問い合わせたり見学を行ったりして整理した。まず、この基準に照らし合わせ、ひやっとしたこと、はっとしたことをヒヤリハットとして挙げてもらい、職員間で共有した。そして、これらを予防する方策を現場の職員が中心となって検討し、必要に応じて見直しを行い、より現場に即した予防策を考えるために定期的なチェックを行った。現場では、業務多忙で予防にまで手が回らないというのが実情であったが、問題が発生したときの対処にかかる労力を考えると積極的に取り組んだ方が効果的かつ効率的であることを課長が伝え、業務の見直しを行い、事故防止を優先課題とした。現場でも職員間で声を掛け合い意識を促していった。

　ポイント　志ある職員が声を出し、主任がその声を吸い上げ、施設長まで伝えている。そして、施設長が先頭に立って、介護課長を委員長する委員会を立ち上げ、組織ぐるみで取り組むべき問題であることを示した。介護課長を中心にヒヤリハットの基準を現場に即した形で作成し、現場に投げ返し、修正を重ねより現場で使用可能なものにした。ミスを見過ごしたり放置したりするのではなく、業務の見直しを含め職員の意識を促し問題に取り組んでいったことも重要なポイントである。

　職員同士がお互い声を掛け合ったり注意し合ったりできるような職場は大きく進歩する。職員間の声のかけ方や注意の仕方については、一方的に注意するのではなく、相手を尊重し相手の言い分を受け止めるなど配慮し職場の人間関係を意識することが大切となる。

事例5──古くからの習慣が根強く残っており新たな取り組みについての意見を述べにくい雰囲気がある。

　ある歴史の長い施設では、職員の勤務年数も長いため、安定して日常業務が

行われている。しかし，現状に満足して創造的な取り組みが行われていない。新しく入ってきた職員が意見を述べようとしても冷ややかな目で見られたり，「そうだね」と言われたりするだけで，一向に進歩が見られない。同じような想いを抱いている職員はいるのだが，一歩を踏み出せないまま年月が経ち，やがて現状に甘んじてしまうという悪循環の繰り返しとなっていた。

　そこで，同じような問題を感じている職員が集まり，まず自分たちの力でできることはないだろうか，とインフォーマルに話し合い，小さな改善を試みることから始めた。職場を活気づけるため，挨拶を徹底して行うよう意識して実行した。やがて，徐々に職場内で挨拶を自然に行うことができるようになってきた。挨拶がきっかけで職員間のコミュニケーションが活発になり，日常業務に関する情報交換が以前に比べるとスムーズにできるようになった。

　最初に始めたメンバーは，仲間がいるということで安心でき，利用者に丁寧に接するということを意識的に行っていった。職場の同僚のなかにもこの考えに賛同するものが増え，利用者への接し方について見直すための会議を開くよう主任に持ちかけていった。会議では，積極的な意見が出る一方で，業務の多忙などのいろいろな理由から改善に消極的な意見も多く出された。職員の意識改革は必要だが単純に業務を増やすだけでは，職員の賛同は得られない。そこで，「スクラップ・アンド・ビルト」の考えで，業務の見直しを行うことにした。必要な業務には多くの時間を割き，省力化できる業務については削除したり簡略化したりすることとして，整理し直した。

　一方で，伝統に甘んじることなく，職員研修の一環として先駆的な取り組みを行っている施設を見学し，どのような取り組みを行っているのかを直接見聞することで，職員の意識改革と新たな取り組みの参考とする機会づくりを行った。時代は大きく変わりつつあるので，いつまでも従来のやり方や考え方が通用するわけではなく，やがて世間から置き去りにされるのではないかという危機感が若い職員層を中心に漂い始めた。そして伝統ある施設だからこそ，リーダー的存在として先駆的な取り組みをしていこうという輪が広がっていった。

　ポイント　伝統に甘んじることなく，まず同じような志を持つ有志を募り，

自分たちでできることから始めたことが功を奏したといえる。伝統のある施設や大きな組織ほど変革には時間と労力を要する。いきなり大きな改革を実行しても抵抗が激しかったであろう。しかし、小さな改善からスタートし、少しずつ仲間を増やし、利用者支援の輪を広げていった。やがて会議にこぎつけ、業務の見直しを含め、職場の取り組みにまでつなげていった。さらに、先駆的な取り組みを行っている施設への見学を実施し他施設の取り組みを実感することで職員の意識改革を図っていった。

職員の意識を変えるには相当な労力を要する。内部での意識改革が難しい場合は、外部評価を取り入れて第三者による評価を受けることで、自分たちの提供している福祉サービスはどのようなものかを指摘してもらうのも一つの方法である。これによって、新たな気づきにつながっていくことも多くある。

事例6──職員間のコミュニケーションが不十分で、業務上多くの支障をきたしている。

ある施設では、職員間の会話があまり見られず、それぞれの職員がまさに与えられた業務を遂行しているだけ、といった状況であった。よって、細かな打ち合わせや連携ができず、業務に支障をきたしている。徐々に職員間の人間関係も気まずくなりつつある。ミーティングを頻繁に開催して打ち合わせを行うようリーダーは働きかけるのだが、職員は、「自分の責任を全うすれば問題ないはずだ」と言って打ち合わせを積極的に行おうとはしない。

職員同士のプライベートな付き合いもほとんどないようで、仕事上の付き合いはあってもプライベートではまったく関与しない、といった様子だった。

そこでリーダーは、新任職員に食事会の企画を依頼した。ほとんどの職員は難色を示したが、リーダーの強い勧めもあって、若手を中心に一部の職員が参加した。食事会では普段あまり話題に出ない内容についても会話が飛び交い、楽しいひと時を過ごすことができた。仕事とは違った一面をお互い垣間見ることができ、それぞれの見方も変わったようだ。食事会に参加した職員は、職員間のコミュニケーションが不活発であることに疑問を感じていたようで、この点についての話題でもちきりとなった。これを機に、まずはお互いに挨拶をはっきり交わそうということになり、翌日からはリーダーが率先して挨拶運動を

実施した。食事会が成功したこともあって，部署内で徐々に職員の会話が増えていった。

　ポイント　食事会といったプライベートな時間を活用することによってお互いに普段見られない一面を垣間見ることができ，職員同士の相互理解が深まることもある。新任職員という中立的な立場の職員に企画してもらうのも参加者を募る方法かもしれない。プライベートな関係が優先することはあってはならないが，仕事を離れての付き合いも場合によっては功を奏することもある。

事例7──会議で決まったことが守られず，部署としてケアが統一されていない。

　ある特別養護老人ホームでのことである。利用者の介護方法を巡ってベテラン職員同士で意見が分かれており，職員によって介護方法が異なっていた。あるベテラン職員は，トイレで排せつ，排便をしてほしいと思い，見守りや声掛けを強化したかかわりを重視した。別のベテラン職員は，おむつの方が介護は楽だし利用者も失敗の心配がないということでオムツを付けてもらうようにした。日によってオムツを付けたり外したりの繰り返しであった。新任職員もどうすればよいのかわからず，先輩職員の出勤に合わせて介護方法を変えていた。しかし，新任職員の疑問は深まる一方であった。

　利用者支援を統一するためにユニット内で介護方法についての話し合いが行われた。しかし，意見がまとまらず，いつまで経っても平行線のままであった。そこで，ユニットリーダーは，双方の意見を尊重して折衷案のような形で介護方法の方針を打ち出した。

　ところが，職員が納得した形ではなかったので，会議では決まったものの新たな方針に基づいて介護を行う職員はだれ一人おらず，元のバラバラの状態のままであった。その後も介護職員の我流で介護が行われていた。利用者からすると，職員によって介護の考え方や方法が異なっているのである。

　これでは利用者が迷惑するだけである。若手職員から主任に相談が持ちかけられた。そこで，主任がユニットリーダーを呼び，ユニットリーダーとしての考えをしっかりもち，なぜそうするべきなのかをしっかり職員に伝え，再度会議で審議するよう指示した。主任は，そのためのサポートはきっちり行うこと

第7章 職場の問題解決

職員間で仕事の進め方が統一されていない

も併せて伝えた。会議には主任も同席し，ユニットリーダーのもと介護方法についての話し合いがなされた。

　対立するベテラン職員だけの発言だけでなく，全職員に発言してもらい，意見交換を行った。これらの意見を踏まえ，介護のあるべき姿に基づき，トイレでの排せつ，排便と見守りを重視するというユニットリーダーとしての見解を述べた。前回のような折衷案ではなく，はっきりとした見解を示したのである。反対意見も見られたが，本来のあるべき姿を伝えるとともに，労働過多になる部分については職員の配置を変えたり，一部業務を省力化したりして，利用者の見守りや声掛けを重視する支援方法を用いることとした。具体的にどのような見守りやトイレ誘導の声掛けをするのかについても，その場で話し合われた。主任は会議の席で，決定事項を順守すること，不都合が生じるなら必ずユニットリーダーに相談することを伝えた。

　会議終了後，さっそく統一した方法を実施することとなった。まず利用者にこれまでのやり方について謝罪したうえで今後の介護の方針について説明し，了解を求めた。ところが，一部の職員が業務多忙を理由にこれまで通りオムツを使用しようとした。しかし今回は，ユニットリーダーもその職員を呼び，話し合いの時間を設けた。方針を順守すべきであることを伝えたうえで，業務多忙の内訳を職員に整理させ，どうすれば方針通りの介護ができると思うかを考

えてもらった。単にその職員を責めるのではなく，職員の言い分をしっかり受け止め根気強くこのことを続けることで，徐々に介護方針に従った介護がユニット内に浸透してきた。利用者も介護の方法が統一されたことで安心したようだ。

　ポイント　最初の会議の決定が曖昧であったことから，決定事項が順守されなかった。しかし，このことに危機感を抱いた職員が立ち上がった。

　会議では，職員の意見を広く聴いたうえでユニットリーダーとしての方針を明確に打ち出し，決定事項を会議の最後に再度確認し，決定事項を順守するよう徹底した。リーダーは，ときには毅然とした態度をもって決断することを求められている。決定事項を順守していない職員がいれば見過ごすのではなく，正面から向き合い問題の解決を図っていった。その際にも一方的に職員を責めるのではなく，話を聴いて業務改善を行うようになったことも大きな成果といえる。

　問題解決を図っていくには，問題の原因を除去することが重要となるが，業務の大変さを主任やユニットリーダーが理解し，現場職員とともに改善に向けた取り組みを行っていく姿勢が大切である。

　一方，主任がリーダーシップを発揮し，ユニットリーダーをサポートしつつ的確な指示を出したことがユニットリーダーの自信につながった。また，介護の方針が明確になり，介護方法が統一されたことで，新任職員もどのような介護を行えばよいか認識でき，仕事の進め方が理解できるようになった。方針や方法を統一することで，職員のモラール向上につながっていくであろう。

事例8──利用者とじっくり向き合う時間がなく，職員主導で進められている。

　ある施設では，業務が多忙なためか，職員は忙しく動き回っており，利用者とじっくり向き合う時間がなかなかとれず，利用者に声をかけられても職員が「ちょっと待ってね」と言って過ぎ去っていくだけである。職員に精神的にゆとりがないときなどは，利用者にきつい口調になったり指図するような口調になったりもしている。また，職員が目を離したほんのわずかな時間に利用者同士のトラブルが起きることもあった。そのたびに職員が間に入って仲裁するの

だが，問題が起こってからの対処になるため，同じことの繰り返しとなっていた。日々の業務分担があるため，職員が個々人の想いで特定の利用者と深くかかわっていくことができない。部署全体で取り組んでいかなければならない問題である。

職員はゆとりをもって，利用者と少しでも多く過ごすことのできる時間を作り，利用者の状況把握を行うべきではないか，といった問題提起が職員から出された。利用者を一人の人として尊重したかかわりをすべきであり，きつい口調や指示的な口調を改めるべきではないかという意見も出された。

利用者同士のトラブルなど問題が発生すると，職員もそのことに対応しなければならないので，その時間や労力を考えると，未然に防ぐ対応を行うべきではないか，といった意見も出された。そこで，すべての時間帯にじっくり利用者と向き合うことは困難かもしれないが，問題が発生しそうな状況や時間帯に集中して職員がゆとりをもって対応できるよう業務分担を明確にした。ある職員は，ルーティンワークを遂行する業務を優先して行い，別の職員は利用者と過ごす業務を優先する態勢をとった。これで，利用者の状況把握が可能となり，ゆとりをもって利用者とかかわることが可能となった。ゆとりができることで，職員の口調も柔らかくなり，利用者も安心した雰囲気のなかで過ごすことができるようになった。

ポイント 職員主導から利用者を中心にした支援への変更事例である。問題発生の状況を分析し，対応策を考えることで，職員シフトを大きく変えた。

問題が発生してからの事後対応では，一向に問題解決につながらず，利用者，職員双方のストレスが膨れ上がる一方で，問題処理に時間と労力がとられる。そこで，発想の転換を図り，問題が発生しない状況につくりかえた。一見，ある職員は忙しく動き回っているのに，別の職員は利用者と楽しく会話して仕事をさぼっているのではないかと錯覚しそうだが，部署の職員間で趣旨を十分共有し，役割と責任を分担することで，利用者とのかかわりを重視した業務体制が可能となった。

事例9──新任職員教育にじっくり時間がとれず，職員が育たない。

　福祉現場の多くは，新任職員を十分教育する時間がとれず，即戦力として業務に就かせているのではないだろうか。ある施設でも，事前に数日間の研修を行っただけで，細かな部分の教育を行わないまま新任職員を業務に就かせていた。利用者へのかかわり方などは日々の業務を通じて，先輩職員に質問したり模倣したりするよう伝えているだけであった。しかし，いざ新任職員がかかわるとなると，どうすればよいのかわからないことも多く，先輩職員や上司に質問しようにも忙しく動き回っている状況をみると質問できないまま，我流で介護を行っていた。利用者から苦情が出て注意されるのだが，自分自身どうすればよいかわからず，自信をなくす一方である。上司からは「自分で考えて工夫するように」と言われるのだが，先輩職員のように上手くいかない。

　このような状況にある新任職員を放置しておくと，新任職員はますます自信喪失に陥るだけである。1年も経たないうちに多くの新任職員が退職し，後任を採用するが，また同じことを繰り返し，現場はますます余裕がなくなるという悪循環に陥るのである。

　このような状況を憂えた施設長が新任職員教育に本腰を入れ出した。これまで思いつきでプログラムを立てていた事前の新任職員研修プログラムを見直すために，課長や主任と協議を重ね，新任職員にはどのようなことを身に付けてほしいのかを明確にした。そして，どのように教育するのかも検討し研修体系を作り上げた。

　社会人としてのマナー，組織人としての自覚，職業人として習得すべき専門性を整理し明文化した。これを新任職員はむろんのこと，すべての職員にも周知した。新任職員は，自分自身がどのようなことを身に付けなければならないのかを認識でき，目標とすることができる。

　一方，業務に就いてから学ぶことや戸惑うことも多いことから，比較的年齢の近い先輩職員を教育係として配置し，最初は可能な限り同じ勤務体制を組み，日々のOJTや相談に応じる体制をとった。ある程度自分で判断して行動できるようになるまで，ほぼ毎日振り返りの時間をもち，業務のなかで感じた疑問

第7章 職場の問題解決

を解消したり，教育係がアドバイスを行い気づきを促すなど教育体制を整えたりした。最初は教育や指導が中心となっていたが，やがて自分で考えて行動する機会を増やしていった。並行して，どの程度業務ができているかを教育係による評価と新任職員の自己評価，すり合わせを行い，達成度を確認していった。

そして，その状況をリーダーや主任に報告し，部署として新任職員の状況を把握するようにした。成長の度合いによって仕事を割り振ったりできるようになった。場合によっては，リーダーや主任が直接相談に乗る場合もある。このような対応を行うことで，上司とのコミュニケーションも円滑に行われ，職員の状況把握にもつながっていった。これによって，新任職員は，自分自身の存在を感じることができ悩みを打ち明けるようになった。さらに，周囲の職員も新任職員の言動からSOSを察知できるようになり，早期の対応が可能となった。離職率が低下し，職員の安定につながっていった。

また，新任職員の研修体系を作り上げたことをきっかけに，すべての階層や職種の職員研修体系についても着手することとなった。

ポイント　新任職員の育成は，きわめて重要である。「仕事は自分で覚えるもの」といった考えではなく，職場が職員を育成していくものである。新任職員育成計画をしっかり立て，どのような職員に育っていってほしいかを明確にしたうえ，その成果を評価したことで，新任職員も自分自身の目標をもつことができ，達成度を振り返ることができる。年齢の近い先輩職員を教育係として配置することで，より個別的な育成が可能となる。新任職員は業務のなかで湧き起こる疑問や悩みについて具体的に対応可能となる。さらに，リーダーや主任にも状況報告がなされ，直接リーダーや主任が新任職員と面談することも想定している。これによって，新任職員も安心できる。

職員が安定することで，職場の活性化や利用者支援の向上にもつながっていく。一方で教育係となった先輩職員の成長にもつながる。教育係となることで，いろいろなことを学んだり自らの言動を戒める機会となったりする。

さらに，すべての階層や職種の研修体系にも着手している。これによって，職場全体の人財育成に取り組むことができ，それぞれの階層の果たす役割が明

確になり，職種の専門性が深まっていくのである。

事例10──リーダーがリーダーシップを十分発揮できない。

　今年の4月から新たにユニットリーダーになったリーダーがリーダーシップを十分発揮することができず，ユニット内でさまざまな問題が噴出している。リーダーのリーダーシップの無さにユニット職員の不満が鬱積しており，リーダーとメンバーとの関係がギクシャクしている。

　リーダーは，今年4年目で年齢は20代前半である。前任者が退職し，ユニット内で最も優秀な人財としてリーダーに抜擢されたのである。しかし本人としては，ようやく業務を覚えたばかりで，とてもリーダーとしての心構えができていない，というのが本音であった。ユニットのなかには経験も豊富で年配の職員もいることから，リーダーとしての業務に戸惑いを覚え，苦悩しているのである。

　そこで主任が，リーダーの苦悩を聴く一方で，ユニットのメンバーからも状況の情報収集を行った。リーダーのリーダーシップを身に付けるため，リーダーの考えを尊重し，サポート態勢をとった。ユニットのメンバーには，若いリーダーをみんなで盛りたててほしい旨を伝え，協力を求めた。ユニットリーダーは，よきリーダーとなるためにリーダー研修などにも積極的に参加し，リーダーとしての資質を磨いていった。

　ところが，リーダーも努力はしているのだが，年配職員からは「頼りない」と引き続き苦情が続出し，自信喪失に陥っていった。主任は，リーダーに以下のような助言を行った。まず，リーダーに一人ですべてを取り仕切ろうと思わず，年配職員の主体性を尊重し，年配職員に日常の業務を任せ，先輩職員を「頼りになる存在」として位置づけること。次に，若いメンバーに対しては，自信をもって指導・教育に当たること。そして，ユニットメンバーとのコミュニケーションを大切にすること。さらに，常に主任はリーダーの考えを尊重し支えていくこと。リーダーが自分の立ち位置を理解できるようになったので，メンバーとのコミュニケーションを重視し，時間を見つけては声掛けを行ったり，メンバーとの交換日記を始めたりするなどの新たな試みを実施しだした。

ユニット職員との関係づくりに力を入れていった結果，職員との関係も少しずつではあるが修復しつつある。

ポイント　近年，若くて勤務経験が浅いにもかかわらず，リーダー業務を任される職員が増えてきた。リーダーとしての心構えが不十分なかでの役割業務である。このまま放置しておくと，リーダー自身がストレスで休職したり，場合によっては退職に至る場合もある。抜擢した若きリーダーを職場で育てていかなければならない。リーダーの上司は，リーダー育成に配慮するとともにユニットのメンバーにも協力を依頼することを忘れてはならない。そして，メンバーとのコミュニケーションを意識的に行い情報交換や状況把握に努め，双方の意思疎通を心がけることが職場の人間関係調整の第一歩となる。さらに，リーダーの上司である主任がリーダーをサポートする体制をしっかり取ることが肝要である。

改善に向けての取り組み

職場内の問題に対する改善策として，基本理念や方針を共有し，業務に関する役割や責任を明確化してくことが挙げられる。そのために，話し合う，相談する，情報を共有する，意思の統一を図るといったコミュニケーションの促進に関する改善策や共通の目標に向かって協力する，連携するといったチームワークの強化に関する改善策が圧倒的に多い。そのための人財育成の成否が重要となってくる。

職場の問題を放置するのではなく，また過剰に批判するのでもなく，小さな改善から始め，仲間を増やしながら着実な取り組みを行っていくことが何よりも大切といえよう（図7-3）。

一方で，職場の人財不足が問題として取り上げられることが多くなった。職員の離職が多く，補充が進まない，補充しても新たに業務を教えなければならないが手が回らない，といった問題が悪化し，さらに業務の負担が増大し，職員のストレスや離職という悪循環が起こっている。離職後の職員の補充は重要課題である一方で，離職を少なくする対応にも取り組んでいかなければならな

図7-3　問題の気づきと改善に向けての取り組み

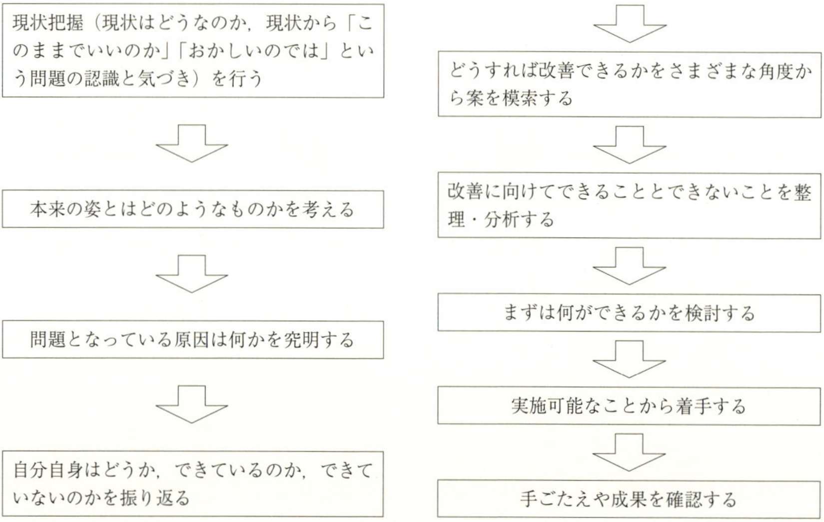

```
現状把握（現状はどうなのか，現状から「こ         どうすれば改善できるかをさまざまな角度か
のままでいいのか」「おかしいのでは」とい    →    ら案を模索する
う問題の認識と気づき）を行う                    ↓
         ↓                                  改善に向けてできることとできないことを整
本来の姿とはどのようなものかを考える              理・分析する
         ↓                                       ↓
問題となっている原因は何かを究明する              まずは何ができるかを検討する
         ↓                                       ↓
自分自身はどうか，できているのか，できて          実施可能なことから着手する
いないのかを振り返る                             ↓
                                            手ごたえや成果を確認する
```

出典：筆者作成。

い。新任職員の育成を計画的に実施したり職員の働きがいがありなおかつ働きやすい職場環境を醸成したりする取り組みが喫緊の課題ともいえる。

　そのためには，事例で示した職場の問題を真摯に受け止め，改善に向けた取り組みを職場内で実施する必要がある。管理者は職場の改善に意欲をもって取り組むべきであり，各職員も改善に向け，問題意識をもち，自分たち自身に何ができるかを模索し，実行に移していくべきであろう（図7-4）。

　職員間の葛藤や派閥が生じて職員同士の批判や非難が横行すると，チームは乱れるばかりである。本来の目指す方向とは異なり，非生産的な問題に労力を注ぐこととなり職場全体のモラルが低下してしまう。離職率も高まっていくであろう。最終的には利用者が不利益を被ることになってしまう。このような悪循環を断ち切り，職場のメンバーが目指すべき方向に向かってチームの一員として誇りと自覚を持って，積極的に進んでいくことが職場の活性化につながるといえる。第5章第3節の職場の人間関係でも述べたとおり，ぜひとも，チームの一員として葛藤関係にある職員との歩み寄りを意識してほしい。そして，

図7-4 職場の問題

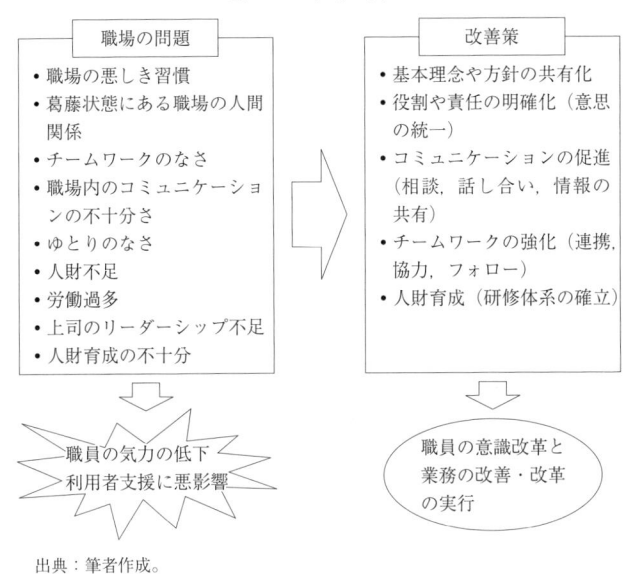

職場の問題
- 職場の悪しき習慣
- 葛藤状態にある職場の人間関係
- チームワークのなさ
- 職場内のコミュニケーションの不十分さ
- ゆとりのなさ
- 人財不足
- 労働過多
- 上司のリーダーシップ不足
- 人財育成の不十分

↓
職員の気力の低下
利用者支援に悪影響

改善策
- 基本理念や方針の共有化
- 役割や責任の明確化（意思の統一）
- コミュニケーションの促進（相談，話し合い，情報の共有）
- チームワークの強化（連携，協力，フォロー）
- 人財育成（研修体系の確立）

↓
職員の意識改革と業務の改善・改革の実行

出典：筆者作成。

建設的な観点に立って業務に取り組んだり，意見を述べたりしてほしいものである。

> **ワーク**
> あなたの職場にはどのような問題があるだろうか。その原因を整理し，改善策を考えてみよう（章末の「職場の現状把握シート」参照）。そして，あなた自身（あるいはあなたの所属するチーム）がその改善に向けて，どのような取り組みができるだろうか考えてみよう（章末の「職場の問題改善シート」参照）。

注
1) 金田一京助他『新明解国語辞典（第5版）』三省堂，2002年，1403頁。
2) 「福祉職員生涯研修」推進委員会編『改訂　福祉職員研修テキスト──基礎編』全国社会福祉協議会　2002年，42〜43頁。
3) 久田則夫「明日の福祉業界を担う"人財"となるために何が必要か？」『月刊福祉』2000年12月号，2000年，70〜73頁。

参考文献
「福祉職員生涯研修」推進委員会編『改訂　福祉職員研修テキスト──基礎編』全国社会福祉協議会，2002年。

第**7**章　職場の問題解決

職場の現状把握シート

職場の現状
基本理念の浸透と実践：(基本理念の意味を理解しているか，職場のメンバーが同じ目標に向かっているかなど)
組織体制：(職場内の指示命令系統は明確になっているか，職務分掌が明確になっているか，会議等で決定されたことが順守されているかなど)
職場・部署のチームワーク：(役割分担や責任分担は明確になっているか，協力体制がとれているか，メンバー間で相談・支援体制がとれているかなど)
職員の人間関係：(人間関係は良好か，職員間で葛藤はないか，特定の職員がいじめの対象となっていたり，孤立したりしていないかなど)
部署間・職員間のコミュニケーション：(部署間・職員間で情報の共有ができているか，自由活発な意見交換ができているか，会議では結論が出ているかなど)
利用者支援：(職員と利用者の関係や利用者への接し方など人として尊重しているか，利用者の意向を尊重しているか，自立支援に向けた取り組みができているかなど)
職場内の慣習：(古くからの慣習にとらわれていないか，見直す必要性はないかなど)
業務内容：(業務にムダ，ムラ，ムリはないか，改善すべき点はないか)
上司のリーダーシップ：(リーダーは一貫性のある態度をとっているか，メンバーに冷静かつ公平に接しているか，メンバーの意見を聴き入れているか，責任と権限を行使しているかなど)
人財育成：(新任研修は計画的に行われているか，新任へのOJTは行われているか，職員全体を育成していこうという風土が職場や管理職に見られるか，職員研修の体系はどうなっているか，研修で学んだことが現場で生かされているかなど)
その他：(上記以外の項目で職場の現状に関すること)

注1）　職場・部署の現状について，良い点，改善を要する点も含め総合的な観点から記載する。
注2）　各項目の（　）内の文章は，主な記入例を示している。

職場の問題改善シート

改善に向けての取り組み
現状と問題点：
考えられる原因：
改善に向けてのアイデア：（自由な発想でのアイデアの表出）

すぐに実施できること：	実施困難なこと：
時間をかけて実施すべきこと：	

実施に向けての計画：（実施すべき内容と方法，優先順位，実施時期，役割分担など）
期待される成果：（問題が解決・改善すればどのような成果が期待されるか）

第8章

自己開発

1　理想とする職員像

（事前チェック）　社会福祉の仕事の魅力とは，どのようなものだろうか。

初志貫徹

　福祉職員は，福祉のプロ（社会人，組織人，職業人）として自らを高めていく必要がある。日々の業務に流されそうになることもあるだろう。仕事に意欲が湧かなくなることもあるだろう。このような事態に陥ったとき，原点に立ち返り，プロとしての自覚を意識してほしいものである。福祉の仕事に従事しようと思った当初，熱き想いを抱いていたのではないだろうか。本書の「はじめに」でも紹介したように，福祉職員のほとんどが福祉の仕事に魅力を感じ，期待を抱いて職に就いているのである。皆さんの想いはどのようなものだったのだろうか。

　皆さんの福祉の仕事に就こうと思った当初の想いを大切にプロとして成長してほしい。一方で，職員を受け入れている職場は，この想いを受け止め職員が志を高く維持できるよう魅力ある職場にしてほしいものである。そして，一人

熱き想いを大切にする

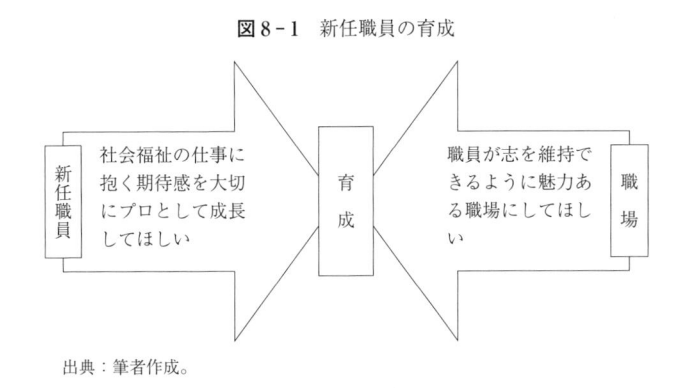

第8章　自己開発

図8-1　新任職員の育成

```
[新任職員] → 社会福祉の仕事に抱く期待感を大切にプロとして成長してほしい → [育成] ← 職員が志を維持できるように魅力ある職場にしてほしい ← [職場]
```

出典：筆者作成。

ひとりの職員をプロとして成長できるよう大切に育成してほしいものである（図8-1）。

なりたい職員像

　社会福祉の仕事に魅力や期待を感じている新任職員は，どのような職員を理想としているのだろうか。新任職員研修の参加者に「どのような職員になりたいか」といったテーマで記載してもらった（表8-1）。

　表8-1をみると，社会人としての心構えに関する項目，利用者支援に関する項目，仕事を覚えて業務を遂行できるようになるための仕事管理に関する項目が多く挙げられていた。さらに，新任らしく元気と笑顔を大切にするといった項目も挙がっている。これらのことは，組織人として，職業人として信頼してもらえるように，また職場で良好な人間関係のもとで仕事ができる福祉のプロになりたいといった想いが凝縮されているといっていいだろう。

　それぞれの職員の置かれている状況は異なっているので，千差万別な内容になっているが，それぞれの新任職員の意気込みが感じられる。くじけそうになったときこの熱き想いを思い返してほしい。

　一方，中堅職員にもなりたい職員像について尋ねてみた（表8-2）。中堅職員になると，組織上の役割を意識した項目が多く挙がっている。

福祉の仕事の魅力と期待を大切にする

表8-1 新任職員が考えるなりたい職員像

・夢を語る職員
・向上心をもち続ける職員
・仕事に自信と誇りをもつことのできる職員
・何事にも前向きに取り組み，言い訳をしたり途中で投げだしたりしない職員
・体調やストレスなど自己管理のできる職員
・利用者の自立支援や個別支援など専門性を発揮できる職員
・利用者の立場に立って考え，行動できる職員
・利用者を大切に思い，心のこもった支援のできる職員
・利用者や職場から必要とされ，信頼される職員
・いろいろな面で気づきのある職員
・笑顔と元気のある職員
・責任をもって仕事をしたり，てきぱきと仕事をしたりするなど仕事管理のできる職員
・冷静に物事をみることのできる職員
・利用者や他の職員とコミュニケーションのとれる職員
・他の職員と協力しながらチームワークのとれる職員
・職場のメンバーと良好な対人関係のとれる職員
・楽しく仕事のできる職員

出典：新任職員研修の参加者の意見をもとに筆者整理。

なりたい職員になるためには

　中堅職員は，なりたい職員像を目指してどのような取り組みを実施しようと考えているのだろうか。以下，代表的なテーマと取り組みを事例形式で整理した。

第8章　自己開発

表8-2　中堅職員が考えるなりたい職員像

- 職場の基本理念や方針に基づいた実践ができる職員
- 職場内で上司，後輩，利用者・家族から信頼される職員
- 部署内のチームワークやコミュニケーションを意識し，部署内のまとめ役や上司と後輩職員とのパイプ役を務める職員
- 後輩育成のできる職員
- マンネリ化せずしっかりとした考えをもち，部署内の雰囲気作りを行ったり機動力となったりできる職員
- 利用者を第一に考えた支援を実践し，後輩職員の模範となるような職員
- 型にはまった業務ではなく状況に応じ機転を利かせ，自らの言動に責任をもてる動きのできる職員

出典：中堅職員研修の参加者の意見をもとに筆者整理。

（1）職場の基本理念，運営方針を意識して仕事ができるよう，考えをまとめ，上司に意見具申できるようになる

スタッフ全員で意識統一し，もう一度理念を再確認する。

- 職員同士での話し合いの場を設け，実践レベルでの理念の理解に努め，同じ目標に向かって支援の方向性を定める。
- 自分自身も理念に基づいた目標をもち，日々行っている業務がその場限りでなく，理念に基づいているかどうか，利用者一人ひとりに置き換えて自分なりのことばで考える。

（2）部署の中核となり，まとめ役になる

- 日々の業務を率先して取り組み，後輩職員の模範となったり育成を意識したりする。
- 部署内で意見交換の場を作り，上司，後輩職員の意向，新任職員の想いを聞き，集約してまとめていく。
- 特に，後輩職員や新任職員に意識して声かけを行い，話しやすい雰囲気づくりを行う。具体的には，自分の意見を押しつけないで聞くことを重視し，相手の表情を見る，うなずく，話を聞く時間を作るなどコミュニケーションスキルを磨いたり，笑顔で接したりする。
- 何事にもしっかりとした考えをもって，会議では積極的に発言しチームを引っ張っていく。

- 職場内に発生するさまざまな問題に対してもしっかりと向き合い，問題解決スキルを習得する。

（3）日々の業務に流されることなく，利用者の自立生活支援を考え，実践する
- ルーティンワークの慣れに埋没することなく，一人ひとりの利用者に関する情報を基に将来を見越した支援を心がける。
- 1日の流れを整理してから業務に就く。
- 忙しいときでも気持ちにゆとりをもって利用者と接する。
- 利用者を第一に考えながら，利用者の生活を中心とした動きを取る。
- 専門職としての自覚を高め，専門性を磨くための学習を行う。

Check Point! 時代が求める職業人[1]
▷ 利用者の最善の利益を優先する人
▷ 職場内の常識（前例）を疑う勇気のある人
▷ 小さな改善の大切さを知っている人
▷ タイムマネジメントができる人（時間を有効活用できる人）
▷ うまくいかない原因を他者に押しつけない人
▷ ストレスをうまくコントロールできる人
▷ 業界以外の領域にも目配りを忘れず，幅広い視野を有する人
▷ 根拠に基づく発言，提案，主張ができる人

> **ワーク**
> あなたが理想とする職員の姿とは，どのようなものだろうか。
> また，半年後の，職員，社会人，組織人，職業人としてのあなたの目標を設定してみよう（章末の「振り返りシート」参照）。

第8章　自己開発

図8-2　新任職員の期待と悩み

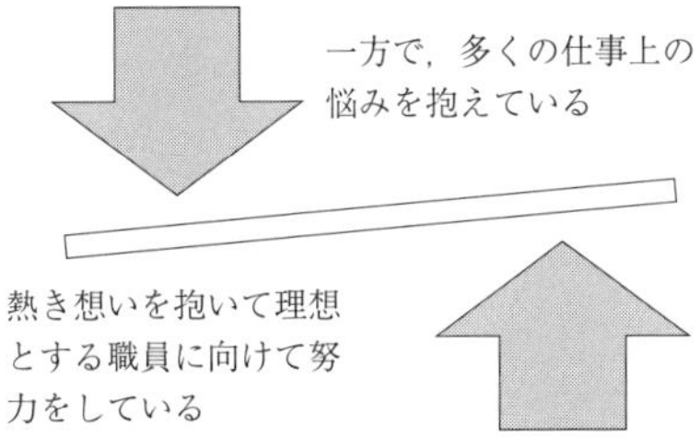

一方で，多くの仕事上の悩みを抱えている

熱き想いを抱いて理想とする職員に向けて努力をしている

出典：筆者作成。

2　仕事上の悩みとその解決法

事前チェック　仕事上の悩みをどう解決していけばよいのだろうか。

新任職員の悩み

　職員は，熱き想いを抱いて理想とする職員に向けて努力しているものの，一方で多くの仕事上の悩みを抱えている（図8-2）。新任職員を対象に悩みを聞いてみた。新任職員といっても，新卒の若い人ばかりではなく，多様な経歴を持った人が福祉の現場に再就職している。この実態を踏まえ，新任職員の悩みを見ていくことにする。

　主な悩みは以下の通りであった。最も多かったのは，利用者との関係の取り方や対応方法など利用者支援に関する悩みである。次いで，業務の習得に関する悩み，職場の人間関係やコミュニケーションに関する悩みが挙がっている。

- 利用者と信頼関係がうまく築けない
- 利用者にどうかかわっていけばよいのか，対応の仕方がよくわからない
- 利用者の抱える問題に対して，十分な対応ができない
- 介護などの職業知識やスキルが未熟で業務を十分に遂行できていない
- 一つひとつの仕事に時間がかかり，他の職員や利用者に迷惑をかけている

苦手に思っている人の素晴らしいところを見出そう

- 日々の業務に流されて時間的ゆとりがない（ルーティンワーク優先で本当の利用者支援につながっていない）
- 先輩が自分をどう思っているのか不安になったり，合わない人や苦手なタイプの人がいたりして職場の人間関係で悩んでいる
- 自分自身の意見を先輩や上司，同僚に述べることができないなどコミュニケーションで悩んでいる

解決方法
（1）仕事上の悩みに対してどのような解決方法を考えているのだろうか。
- 先輩や上司に相談したり教えてもらったりする
- 先輩や上司の方法を参考にする
- 自分自身で工夫したり積極的に取り組んだりする
- 勉強する

以上のように，問題を直視した解決方法を考えている。
（2）とりわけ利用者支援に関する悩みにおいて自分自身で工夫して取り組めることとして次のような解決法を考えている。
- 利用者理解に努める
- 利用者の良さや長所といったプラスの面を意識する

第8章 自己開発

- 利用者とのコミュニケーションを大切にする
- 利用者との時間を大切にするために少しでも時間を見つけるよう意識する
- 笑顔で接するよう心がける
- 利用者の想いをしっかり受け止めるよう傾聴する
- 利用者からの要望には的確に対応していく

(3) 考え出された解決方法で，うまく解決しなかったらどうなるかをシミュレーションしてもらった。

- 仕事に対し意欲，やりがい，自信がなくなり，表面的な仕事しかできなくなってしまう
- 仕事にストレスを感じてしまい，マンネリ化して成長がなくなり，場合によっては辞めてしまう
- 利用者にもつらく当たってしまう
- 職場全体が沈滞化したり，利用者に悪い影響を及ぼしてしまったりする

(4) 考え出された解決方法で，うまく解決したらどうなるかをシミュレーションしてもらった。

- 仕事が楽しく，より意欲的，積極的になる
- 仕事に自信と誇りをもてるようになる
- 自分自身の人生が有意義になる
- 安心して仕事ができるようになる
- 職場の雰囲気が良くなる
- 利用者本位，利用者主体といった利用者支援の向上につながる（利用者を大切にする，利用者のニーズに沿った支援ができる，利用者理解を深め自立生活支援につながる）
- 利用者に喜んでもらえる

うまく解決したら，自身が仕事に前向きに取り組めるようになり成長するうえ，利用者支援の向上や職場の活性化につながっていくと考えている。

仕事上の悩みとその解決法の事例

新任職員が抱く仕事上の悩みに対してどのような解決方法を模索しているかをテーマごとに整理し紹介する。

事例１　利用者とのコミュニケーションの問題

言語コミュニケーションの困難な利用者への接し方や利用者の気持ちの理解の仕方など，利用者にどのように接していったら良いのかわからない。

- 利用者の障害特性を理解するために勉強したり，自分なりに考えて工夫したりする。
- 積極的にコミュニケーションをとり，その時々の利用者の心身の状況を理解したり，利用者の行動の背景にあるものを理解したりする。
- 利用者の少しの変化を感じ取ることができるよう非言語コミュニケーションを意識し読み取ろうと努力する。
- 職員としての一方的な思い込みをしないよう気を付ける。
- 上司や先輩職員に相談したり，先輩職員のかかわり方を参考にしたりする。

事例２　職員としての自信のなさ

利用者が私を職員として信頼してくれるのか，また他の職員と比べて劣っていると感じている私自身が，職員として利用者支援を担っていけるのか不安である。

- どのようなことで行き詰まっているのかを整理し，自分で学べることや工夫できることを実行してみる。
- たとえば，利用者に関する資料（フェースシート，アセスメントシート，支援計画書）に目を通して利用者の状況や支援計画・経過などを把握し，利用者とのかかわり方について工夫する。
- わからないことについては先輩や上司，同僚にも相談する。特に利用者とのかかわりにおいて，コミュニケーションを大切にしたり様子を観察したりしながら，想いを理解しようと努める。
- 利用者の想いを尊重しながらじっくりとかかわっていくことで，信頼を得るようにする。

第8章　自己開発

事例3　利用者理解の難しさ

　利用者とどうかかわっていけば良いかわからない（利用者のその時々によって感情が異なっていたり，急に興奮したり，暴言を吐いたり，不安定な状態になったりして，どう対応したら良いかわからないときがある）。

- 先輩や上司がどう対応しているかを参考にしたり，相談したりする。
- 決して一人で抱え込まないでチームとしての方針を示してもらう。
- なぜ利用者がそのような言動をとるのか利用者の気持ちを自分自身で一度整理し，未然に防ぐ方策はないかを考える。何気なく発した周囲の人の発言で気分を害したのかもしれないし，急にスケジュールが変更して利用者が戸惑ったのかもしれないし，職員の介護の仕方が拙かったのかもしれないし，相性の合わない人が近づいてきたのかもしれない。また，その日の体調によってイライラしているのかもしれない。心身両面からの原因が考えられる。
- 利用者との関係作りにも配慮し，信頼してもらえる存在となることで利用者の心の安定につなげていく。

事例4　仕事の不慣れによる消化不良

　業務に慣れないため一つひとつのことに時間がかかり，与えられた仕事を十分遂行することができない。

- その日の1日の流れを事前に整理し，どのような業務があり，どう動いていくかをシミュレーションしてから業務に臨む。
- 業務について不明な点があれば上司に相談しながら焦らずじっくり取り組み仕事に慣れるようにする。
- 一つひとつの業務を中途半端に終わらせるのではなく，確認しながら行うことを心がける。
- 他の職員の動きを見ながら，どのように行っているのかを観察し，自分に取り入れることのできるものを参考にし，工夫を凝らす。
- 覚えなければならない内容も多くあるため，最初はメモに残すなど業務のポイントを整理するよう努力する。

業務に追われてしまい，余裕がない

事例5　業務に対する要領の悪さ

介助に時間がかかりすぎ，利用者に負担をかけているのではないかと不安になっている。

- 先輩職員に相談したり，先輩職員の介助方法を参考にしたりする。
- 利用者への声掛けを大切にし，利用者の状況を確認したり利用者の要望を聞きだしたりしながら介助を行う。
- 焦って行うと事故につながりかねないので，時間がかかってもじっくり確実に介助を行うことを意識する。
- 介護技術についても知識を習得する。

事例6　業務多忙によるゆとりのなさ

毎日の業務に追われて，利用者とじっくりコミュニケーションをする時間がとれない。特に，職員の少ない時間帯などは，ゆとりをもって仕事を行うことができずイライラしてしまい，ストレスを感じている。

- 省力化できる業務については見直しを行う。そのため，職員同士のコミュニケーションを図り，話し合う。
- 焦りそうになったら何が大切か，何を優先すべきかを考えたり，できるだけ利用者のリズムに合わせて仕事をするよう心がけたりする。
- 毎日のスケジュールが決まっているので少しでも時間を見つけ利用者との

コミュニケーションを大切にして想いをしっかり受け止めるよう聴く。
- 笑顔で接したり，気持ちにゆとりをもったりする。
- 先輩などに相談してどのように行っているのかを参考にしたり，アドバイスをもらったりする。
- 支援についての意識を自分なりにしっかりもったり，スキルアップのために研修会などに出て勉強する。
- 焦ったりイライラしたことがあったりしたときには，後で，その場面を振り返り気持ちの整理を行い，今後同じような状況になったときにどう対応するのかを冷静に考える。

事例7　公平な利用者関係の難しさ

利用者のなかで仲の良い人とそうでない人ができてしまって，仲の良い利用者はニーズ把握もできるが，そうでない利用者の場合は，よくないとわかっていてもつい避けてしまいコミュニケーション不足になって，適切な支援ができていない。

- 自分のなかの苦手意識を素直に認め，苦手な利用者に意図的にかかわっていく。
- ゆとりをもってコミュニケーションを図っていく。
- 利用者のマイナス面ばかりを見ずにプラス面に目を向けていく。
- 利用者の理解を深めるよう努力する（生活暦，生活状況，何が好きかなど）。

先輩や上司に相談する，先輩の仕事方法を参考にするといった解決方法が圧倒的に多い。また，自らも学習したり，工夫を凝らしたりして努力する方法も考えられている。特に利用者支援に関することは利用者の意向を確認しながら取り組むことが肝要となろう。また，慣れない点については，コツをつかむことで飛躍的に上達することもある。

> **ワーク**
> あなたの抱える仕事上の悩みはどのようなものか。
> また，その悩みをどのように解決しようと考えているだろうか。

3　ストレスマネジメント

事前チェック　バーンアウトとは，どのような症状なのだろうか。

ストレスとバーンアウト

　福祉職など対人援助の職業に従事する職員は他の職業と比べ，ストレスがたまりやすいといわれている。そのまま放置しておくと，やがてバーンアウトに陥ってしまいかねない。ストレスとは，環境からの要求や圧力（ストレッサ）によって，心身にさまざまな歪みが生じる反応のことである[2]。

　バーンアウトは，1970年代半ば頃にフロイデンバーガーによって提唱された考えで，医療・福祉などの対人援助職がこれまで精力的に仕事をしていたのに，あたかも燃え尽きたかのように急に意欲をなくしたり職を離れてしまったりする現象のことをいう[3]。無力感，疲労感を感じ，利用者支援に熱が入らず，利用者にも不適切な対応を行い，仕事の達成感が感じられなくなってしまう。いわば，「はじめに」で紹介した福祉の仕事に魅力を感じなくなってしまうのである。

　では，なぜこのような現象に陥ってしまうのだろうか。いくつかの要因が考えられる[4]（表8-3）。

　表8-3のような困難状況が，ストレスを引き起こす要因となっていく。とりわけ，職場の人間関係が最も大きな要因になっているという報告もあり，職場のなかで孤独感・孤立感を感じて業務に支障をきたすことが大きなストレス要因となっている[5]。過度の緊張，不安，興奮，挫折を経験し，業務に失望感や職場内で孤独感を感じ，意欲が湧かなくなってしまうのである。

ストレスの対処法

　田尾雅夫と久保真人は，ストレスの対処法は個人による対処法だけでなく，職場や社会レベルによる制度的改善という2つの視点が同時に必要であり[6]，望

第8章　自己開発

表8-3　福祉職員が感じるストレスの要因

①利用者支援に関する項目
- 利用者や家族との関係作りに苦慮している
- 利用者理解に関する知識や技能をもちえていない
- 利用者と職員の考えが食い違っている
- 利用者の抱える生活上の問題が複雑かつ深刻であるため支援の方針や方向性を見出せない
- 利用者のニーズに適した制度やサービスを提供できない
- 利用者にどうコミュニケーションをとったり対応したりすれば良いのかがわからず，支援に行き詰まっている
- 支援の効果が確信できず現在行っている支援が適切なのかどうか疑心暗鬼になったり限界を感じたりしている
- 日々のルーティンワークのなかでの場当たり的なかかわりにとどまっている。重度の要介護状態の利用者への介護疲れに陥っている
- 利用者から暴言を浴びせられたり暴力を振るわれたりする

②社会福祉関連制度に関する項目
- 社会福祉関連の施策や制度に振り回されている
- 経費削減に伴う職員の雇用形態の変化，安価な単価でのサービス提供，そのことに伴う賃金の実質的カットといった締め付けの一方で，福祉サービスの質の向上が求められている

③職場内（組織）の問題に関する項目
- 経営者が経営効率を優先し利用者支援をないがしろにしている
- 経営者の方針が不明瞭である
- 組織の方針が自分の考えと合わない
- 組織の指示命令系統が曖昧である
- 職務範囲が不明瞭である
- 少ない人員配置のなか業務多忙である
- 職員の業務量が多すぎて，じっくりと利用者支援に専念できない
- 職責が重すぎて負担がかかりすぎて過重労働を強いられている
- 管理者から職員へ，また職員から管理者への情報伝達が不徹底であったり，職員間のコミュニケーションが円滑に行われていなかったりなどの要因で情報が共有できない
- 職員間の考え方が異なっており，全体としての意思の統一が図られず自分勝手に動いている
- 職場の人間関係に悩まされている
- 職員の専門職養成の体制が不十分である
- 職員が一生懸命利用者支援に取り組んだり利用者支援に向けさまざまな企画を職場に提案しても，上司にそのことを評価してもらえなかったり取り組みや提案を拒否されたりすることがある
- 人事考課そのものも不透明で職場全体で合意が得られていない

④社会福祉援助職者の社会的評価の低さに関する項目
- 専門職としての業務に対する正当な評価が得られていない
- 公務員や一般企業と比較して賃金など労働条件が厳しい
- 他の専門職から対等に扱われない，すなわち専門職として地位が低い

出典：津田耕一『利用者支援の実践研究——福祉職員の実践力向上を目指して』久美，2008年，235～237頁をもとに筆者整理。

表8-4 職員個人によるストレスの対処法

ストレスの原因に立ち向かったり，現状を変えようとしたりする方法	ストレスの原因を無視したり逃避・回避したりする方法
・問題を処理するための方策を考えたり工夫したりする ・問題を別の側面から考える ・問題をはじめから見直す ・誰かに相談する ・他の人に立場を理解してもらう ・計画をきっちり立てて行動する ・仕事を人に任せる ・問題に関する知識を増やす ・リラックスする時間を見出す ・経験豊富な人に教示を仰ぐ	・問題を忘れるために他のことに没頭したり，しばらくの間考えないようにしたりする ・怒りや不満の気持ちを他の人や何かにぶつけて発散する ・飲食，煙草などで緊張を和らげる

出典：田尾雅夫・久保真人『バーンアウトの理論と実際――心理的アプローチ』誠信書房，1995年，77～82頁をもとに筆者整理。

ましい対処法はこれらのミックスであるとしている[7]。ここでは，職員個人による対処法，職場の改善による対処法，職場外のサポートによる対処法に分け紹介することとする。

(1) 職員個人による対処法

対処法は，唯一絶対というものはなく，職員個人によっても置かれている状況によってもさまざまである。ストレスの原因に立ち向かったり，現状を変えようとしたりする方法やストレスの原因を無視したり逃避・回避したりする方法もある（表8-4）。

逃避や回避といった対処法は一時的には解消されても根本的な解決には至らないため，問題を直視し，解決・軽減に向け行動するといった能動的働きかけが望ましいといわれている。ところが現実的には，問題に限界を感じ回避や逃避の方向へと走ってしまうことも多い。そこで，田尾と久保は，職員個人がストレスに耐えられるように能力や資質を向上させることの必要性を説いており，次の点を紹介している[8]。

① 何かをしたいという信念やそのことに対する価値意識をしっかりもつこと，つまり専門職としての自覚を高めていくこと

② 自分自身の気持ちを上手くコントロールでき他者との感情のやり取りを上手く操作できるようなことを含めた対人関係能力を高めること
③ 利用者との関係では，現実としてどのようなことが起こっているのかを冷静に直視し，職員自身がどのように考え行動すればよいかを的確に学習すること

(2) 職場の改善による対処法

　個人の対処法以上に，職場の状況をどれだけ改善できるかがストレス解消に大きな影響を及ぼすといわれている。職場を活性化し職員が主体的に業務に携わることができる状況を作っていくことがきわめて重要である。職場の活性化に必要な点を以下に紹介する。

① 組織目標を明確にすること
② 責務や職務内容に負担がかかりすぎず，業務分担が明確になっていること
③ 業務にある程度自らの判断で関与できること
④ 職場のコミュニケーションが円滑に行われ情報の共有が図られたり自由に意見を言える雰囲気があったりすること
⑤ 職場の人間関係が良好であること
⑥ チームワークがとれていること
⑦ 人財育成のための研修が系統だっており充実していること

　職場の改善による対処法としては，上司，同僚といった職場の人間関係，とりわけ，上司からの信頼度やサポートがきわめて重要である。人財育成も含め，上司の果たす役割は大きい。

(3) 職場外のサポートによる対処法

　職場以外の友人や知人，家族は，職場の人とは違った立場であり，リラックスして相談できる存在である。また，職場外の福祉職員からのサポートも重要である。同業種であるゆえに福祉現場の事情について共感できたり適切なアドバイスをもらえたりする。学習会や交流会を通して悩みや課題を共有し，改善策を見出すことも可能である。

> **ワーク**
> あなたは仕事上，どのようなストレスがあり，そのストレスをどのように解消しているだろうか。

4 自己研鑽

> **事前チェック**　自己研鑽はなぜ必要か。

専門職としての自覚

　久田則夫は，社会福祉の仕事を「チャレンジング・ジョブ（Challenging Job）」であると紹介している。チャレンジング・ジョブとは，「たいへんだからこそプロとしてやりがいがあるすばらしい仕事」であり，「プロとして問題解決や課題解決に向けてチャレンジすべき仕事」という意味である（表8-5）。

　新任職員であれ，中堅職員であれ，基本理念がしっかり押さえられていると，それに向けた取り組みを実践しようとする。しんどくてもやりがいがある。やりがいがあるから，もっと学びたいという意欲が湧いてくる。業務時間内だけが仕事ではない。専門職として自らを高めていく不断の努力を怠ってはならない（図8-3）。これこそがプロである。

　各職員が自らを高めプロとして成長するためには自己開発が欠かせない。いわば勤務時間を超えての主体的な学びである。業務に関連する内容，利用者支援に関する内容，資格取得に向けた取り組み，自己理解を深める試みなど多彩な内容が挙げられる。方法についても，各種学習会や研究会などに参加したり，

表8-5　チャレンジング・ジョブとするための3つのポイント

①	大変だと思われる仕事こそ，プロとしてやりがいのある仕事だと考える
②	新しい取り組みに着手しようとするとき，「できるようにするための方法」を考えるという前向きな姿勢でのぞむ
③	新たな課題にチャレンジするためには，自らの専門性を高める努力が欠かせない

出典：久田則夫『どうすれば福祉のプロになれるか──カベを乗り越え活路を開く仕事術』中央法規出版，2004年，89〜90頁

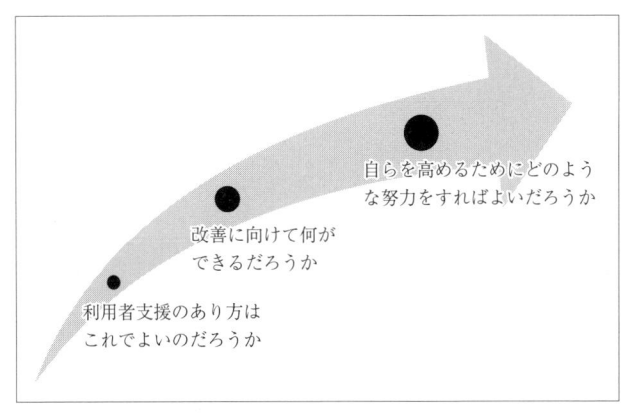

図8-3 専門職としての自覚

利用者支援のあり方はこれでよいのだろうか
改善に向けて何ができるだろうか
自らを高めるためにどのような努力をすればよいだろうか

出典:筆者作成。

事例検討会を行ったり,資格取得のための学習を行ったり,関連領域の通信教育を受講したり,専門雑誌や書籍を購読したりするなど多様な参加形態が考えられる。

具体的取り組みに向けて

　自己開発を進めていく一方で,日々の業務のなかで,より良い職場づくりを目指して,より質の高い福祉サービスを目指して,職員はどのような取り組みができるのだろうか。新任職員研修の最後に「福祉職員である私たち新任職員にできること——私たちの誓い」と題して今後の意気込みを話し合ってもらっている。そのなかで出てきた主な内容を整理した。あるグループが,「私たちは期待の星だ」と称し,福祉職員としての誇りを示してくれたことが印象的であった。

　新任職員は,熱き想いを大切にしてほしい。また,新任職員を受け入れている職場は,この熱き想いを生かすことのできる職場環境を整えてほしい。この熱き想いを生かすことのできる土壌が整っているならば,新任職員は社会福祉の仕事に魅力を実感でき,職場はさらに活性化されるであろう。

新任職員として明日からできること──私たちの誓い

(1) 社会人としての自覚を高める
- ▷ 時間厳守，挨拶励行，身だしなみ，ことば遣いなど社会人としてのマナーを身に付ける。
- ▷ 仕事を早く覚え，責任をもって業務を遂行する。
- ▷ 健康管理をきっちり行い，業務に支障が出ないような生活を送る。
- ▷ 公私混同せず，仕事中は業務に専念する。

(2) 初心を忘れず，いろいろなことに挑戦する
- ▷ 新任として抱いている社会福祉に対する熱き想いをもち続ける。
- ▷ フレッシュな目で物事をみて，感じたことを忘れずに，自分自身にできることを考え実行する。

(3) 気づきを大切にする
- ▷ 日々の業務に追われがちだが，小さな気づきを大切にできるようにする。

(4) チームワークを大切にする
- ▷ チームとして仕事をしているので，他のメンバーと協力しながら仕事を進める。
- ▷ 他のメンバーが困っていたら手伝い，自分自身が困る状況に陥ったら一人で抱え込まないで相談や助けを求めるようにする。
- ▷ 職場の基本理念を確認し，どのように実践すればよいかを考える。
- ▷ 不本意であっても組織の方針や決定には従う。

(5) 利用者とのコミュニケーションを大切にする
- ▷ 利用者と過ごす時間を意識して作り出し，ともに過ごす時間を大切にする。
- ▷ 利用者の言動や小さなサインを見逃さないで利用者の想いを理解するよう努力する。

(6) 利用者の良いところを見出して褒めていく
- ▷ 利用者の問題点に目が行きがちだが，利用者の人間としての素晴らしさを確信し，利用者一人ひとりの持ち味や良さに目を向ける。
- ▷ 利用者の持ち味や良さを見出して，そのことを利用者にも伝えていく。

第8章　自己開発

五感を研ぎ澄ます

(7) 利用者一人ひとりを大切にする
▷ 利用者を一人の人として，大切な存在であると強く認識する。
▷ 上から目線で接することのないよう心がける。

(8) 利用者に寄り添う職員となる
▷ 業務に流されがちだが，利用者の想いを最大限尊重する利用者主体の支援を心がける。
▷ そのために，利用者との言語・非言語コミュニケーションを大切にして利用者の想いを少しでも理解できるよう意識する。
▷ そのなかで，支援者側が一方的に働きかけていくのではなく，利用者の想いを尊重したり，受け止めたりしながらかかわっていく。
▷ 介護業務では，職員主導にならないよう利用者にとって優しい介護を心がける。
▷ 利用者を第一に考え業務に当たる。

(9) プロ意識をしっかり持つ
▷ 利用者の自立支援を担っているという社会福祉の専門職としての自覚を高め，利用者や他の職員とのかかわり方を意識する。
▷ 利用者の人権や権利について考えてみる。
▷ 利用者との関係の取り方，呼称や接し方について見直し，単に親しみや仲

の良さといった関係ではなく，プロとして「利用者の自立生活支援」を意識したかかわりを行う。
- ▷ 日々のかかわりに加え，利用者の将来を考えた支援を意識する。
- ▷ 職業倫理をしっかり身につけ，利用者支援の価値，知識，技能について学び，実践できるよう心がける。

(10) 笑顔を忘れないようにする
- ▷ 職場ではいつも笑顔を心がける。
- ▷ 笑顔は他の人の気持ちをやわらげたり，勇気づけたりするものである。
- ▷ 仕事を始める前に鏡で笑顔チェックを行う。

(11) 元気に挨拶する
- ▷ 利用者，他の職員など人と出会った際にはっきり挨拶を行う。
- ▷ 挨拶は大切なコミュニケーションであり，相手との関係づくりにも役立つ。

(12) 明るく元気に仕事に携わる
- ▷ 対人援助の仕事なので，明るく元気に振る舞う。
- ▷ 活発な動きは他の人にも良い影響を及ぼしていく。

(13) 苦手な人（利用者，職員とも）に話しかけ相互理解を深める
- ▷ 苦手な人には意識的に話しかけたり相談を持ちかけたりして，相手との肯定的な関係づくりを意図的に行う。
- ▷ 苦手な人ほど避けがちだが，それでは一向に関係は深まらない。
- ▷ チームとして仕事をする以上苦手な人ともチームの一員として仕事をするので，円滑な人間関係作りを意識したかかわりを行っていく。

(14) 自分の意見をしっかり表現できるようになる
- ▷ 業務に関して思っていることや感じていることなど意見を表現できるようになる。
- ▷ 会議の場でも自分の意見をしっかりまとめ，発言できるようにする。
- ▷ そのために考えを整理し，相手に伝わる表現方法を心がける。

(15) 仕事を効果的，効率的に遂行できるようになる
- ▷ 一日も早く仕事を覚えて，効果的，効率的に業務を遂行できるようになる。

▷ そのために先輩や上司に相談したり方法を参考にしたりしながら，自分自身の方法を工夫する。
▷ 介護方法については利用者に直接尋ねながら習得する。

(16) **業務の見直しを提案する──新たな風を吹き込む**
▷ フレッシュな目で見て感じたことをそのまま放置しないで，問題提起を行い，改善に向けた具体的な取り組みを上司や先輩職員に提案する。
▷ 職場に一石を投じるつもりで業務に対して積極的に取り組む。
▷ 決して否定的な発言や攻撃的・批判的な発言をしたりするのではなく，あくまで相談をもちかけるような方法を用いたり，建設的な意見を述べたりすることを心がける。

　紹介した内容は，新任職員としての意気込みが感じられる。意気込みだけでなく，その想いを実行に移すことが何よりも大切なのである。ぜひとも熱き想いを実践してほしいものである。新任職員研修を受講したある新任職員の想いを紹介したい。

──ある新任職員の想い──

　今回の研修を受け，自分がしている利用者さんとのかかわり方を見直す必要があると感じました。楽しく一緒に過ごしたいという思いだけで，大人に対しての対応ができておらず，今ばかりをみて，先をみることができていませんでした。その場しのぎの声掛けしかできていませんでした。年上の利用者さんに対しても○○ちゃんと呼んだり，ニックネームで呼ぶなどしていました。
　また，たぶん○○かな？という，あいまいな返事で答えてしまっており，誤った情報を雑なことばで伝えてしまい，利用者さんの生活を乱す，悪いきっかけとなっていました。
　社会福祉のプロとして，一人ひとりのことを尊重することを常に心掛けるように意識をして，1日1日の業務にあたっていきたいです。
　まずは，利用者さんの呼び方を○○さんと，一人の大人として呼び，気軽に会話を楽しむだけでなく，会話も支援のうちであると意識しながら，ことば遣いにも気を付け，正確な情報を発信していきたいです。

図8-4 失敗を反省し成長に生かす

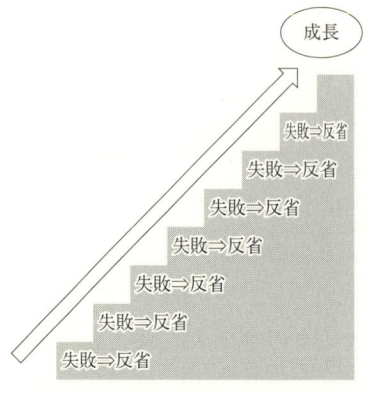

図8-5 相談できる人を見つける

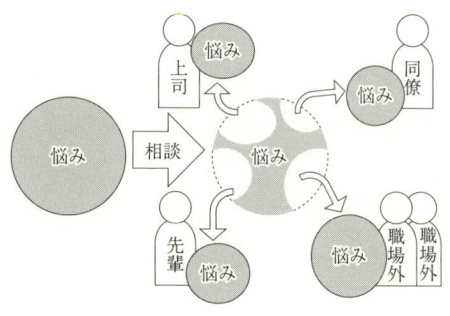

出典：筆者作成。

図8-6 仕事と休暇のメリハリを

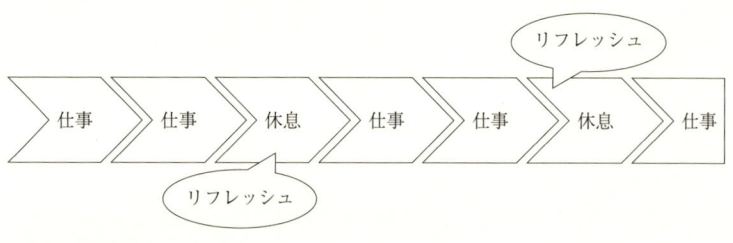

出典：筆者作成。

まとめ

最後に，次の4点を皆さんにお伝えして本書のまとめとしたい。

(1) 失敗を反省し，成長に生かす

これまで幾度となく社会人として，組織人として，職業人としての成長を説いてきた。しかし，職員も生身の人間であり，決して聖人君子ではない。ときには失敗もある。大切なことは，この失敗を糧に反省し，次に生かしていくことである（図8-4）。

(2) よき相談相手を見つける

仕事のうえでの悩みはつきものである。ぜひともよき相談者をみつけてほし

第8章　自己開発

頑張っている自分を褒めよう

い（図8-5）。職場の上司，先輩，同僚でもよい。職場外の人でもよい。一人でもよいから，赤裸々な想いを受け止め，ときには的確なアドバイスをしてもらえる人がいることで随分と救われるのではないだろうか。

(3) **仕事と休暇のメリハリをつける**

　仕事一筋で突き進んでいくのではなく，ときには休息も必要である（図8-6）。休みの日は仕事のことを忘れリフレッシュすることが重要である。勤務日と休日の区別を付けることで新たな気分で仕事に打ち込めるであろう。

(4) **頑張っている自分を褒める**

　最後に，福祉現場でよく頑張っている自分をぜひとも褒めてほしい。頑張っている自分の素晴らしさを自覚することができて初めて利用者の素晴らしさに目を向けることができるのではないだろうか。大変な仕事にやりがいを感じている皆さんは，社会人として，職業人として，十分評価に値する存在であることを忘れないでほしい。

　ワーク
　1．振り返りシートを使用して，これまでのあなたを振り返り，今後のあなたをイメージしてみよう（章末の「振り返りシート」参照）。
　　① あなたは，職場のなかでどのような役割を担っているだろうか。
　　② これまでのあなた自身を振り返って，社会人として，組織人として，

　　　　職業人としてどうだっただろうか。評価できる点，不十分だと感じている点を見出してみよう。評価できる点は，今後もぜひ生かしてほしい。一方，不十分だと感じている点について今度どのように対応していこうと考えているだろうか。
　　③　あなたが理想とする職員はどのような姿だろうか。
　　④　そして，半年後のあなたの目標を書いてみよう。
２．本書を読み終え，あなたは明日からどのような取り組みを実行しようと考えているだろうか。実行可能な内容を具体的にイメージしてみよう。

注

1）　久田則夫『どうすれば福祉のプロになれるか――カベを乗り越え活路を開く仕事術』中央法規出版，2004年，24～29頁。
2）　清水隆則・田辺毅彦・西尾祐吾編著『ソーシャルワーカーにおけるバーンアウト――その実態と対応策』中央法規出版，2002年，18頁。
3）　井村弘子「介護職員のメンタルヘルス――職場環境とバーンアウトとの関連」『沖縄大学人文学紀要』第6号，2005年，79～89頁。
4）　津田耕一『利用者支援の実践研究――福祉職員の実践力向上を目指して』久美，2008年，235～237頁。
5）　清水隆則・田辺毅彦・西尾祐吾編著，前掲書，26～27頁。
6）　田尾雅夫・久保真人『バーンアウトの理論と実際――心理学的アプローチ』誠信書房，1995年，77頁。
7）　同前書，88頁。
8）　同前書，88～90頁。
9）　久田則夫，前掲書，79～81頁。

参考文献

田尾雅夫・久保真人『バーンアウトの理論と実際――心理学的アプローチ』誠信書房，1995年。
津田耕一『施設に問われる利用者支援』久美，2001年。
高良麻子「特別養護老人ホーム職員のバーンアウトに関する研究（1）――バーンアウトの予防を目指して」『東京家政学院大学紀要』第43号，2003年，85～92頁。
井村弘子「介護職員のメンタルヘルス――職場環境とバーンアウトとの関連」『沖縄大学人文学紀要』第6号，2005年，79～89頁。
津田耕一『利用者支援の実践研究――福祉職員の実践力向上を目指して』久美，2008年。

第8章 自己開発

振り返りシート

今のあなた自身を振り返ってください。
① あなたは職場のなかでどのような役割を担っていますか。

② また，これまでのあなたを振り返って，社会人として，組織人として，職業人としてどうだったでしょうか。評価できる点はどのようなことでしょうか。

③ 一方，不十分だと感じていること，あるいは悩んでいることはどのようなことですか。

④ 不十分だと感じている点について今度どのように対応していこうと考えていますか。

⑤ あなたが理想とする職員とはどのような姿ですか。

⑥ 半年後のあなたの職員，社会人，組織人，職業人としての目標を設定してください。

⑦ 目標に向け，明日からあなたはどのような取り組みを行いますか。

　　　　　　　　おわりに

　福祉職員は，さまざまな理由によって職場を去っていく。しかし，社会福祉の仕事や職場に絶望して退職するといったことを極力避けねばならない。職員の入れ替わりの激しい施設等はなぜかを考えてみるべきである。職員を大切にしているだろうか。職員を大切にしていない職場は，職員自身が不安ななかで業務に携わっており，利用者支援にも悪影響を及ぼしている。
　施設等の経営者は，利用者の自立生活支援に向けた質の高い福祉サービスを提供するために，職員が安心して，やりがいをもって働き，利用者支援に専念できるよう職場環境を整備する義務がある。そして，社会人として，組織人として，職業人として成長できるよう支援していくことが求められている。「職員という人を大切にする職場こそが利用者という人を大切にできる職場」ではないかと思う。
　筆者は，福祉現場に入って間もない頃から福祉職員の専門性が必要だと痛感するようになり，大学院で社会福祉を学びなおした。恩師の武田建先生（現・関西福祉科学大学大学院研究科長）は，「現場の方にわかりやすいテキストを作っていきたい」といつもおっしゃられていた。今回，そのことを肝に銘じて筆者の現場経験を踏まえ，現場に役立つテキストの作成を心がけた。福祉現場に少しでもお役に立てば幸いである。
　本書作成に当たって，実に多くの方々にご協力いただいた。監修を担っていただいた社会福祉法人京都府社会福祉協議会の京都府福祉人材・研修センター研修課のスタッフの皆さんから，細部に亘って的確な文章表現や表記法についてご助言をいただいた。また，文章の校正や図表作成で多彩なアイデアを提供して下さった関西福祉科学大学大学院生山本弘志さん，平林梨恵さん，髙木香苗さん，素敵な絵を描いてくださった漫画家山元理紗子さんには大変お世話に

なった。

　一方，本書の題材の多くは，研修参加者の方々の熱心な受講と積極的なディスカッションから発掘されている。その成果として本書が仕上がったといっても過言ではないだろう。

　最後に，(株)ミネルヴァ書房編集部音田潔氏には，構成や文章表現など細部に亘ってご助言や暖かい励ましを頂いた。

　本書作成にご協力いただいた多くの方々にこの場をお借りしてお礼申し上げる。

　　2010年12月

　　　　　　　　　　　　　　　　　　　　　　　　　　　　　　津田耕一

索　引

あ　行

挨拶 ……………………………… 150, 151, 186
　──のポイント ………………………… 67
意識すること …………………………… 42
一方向のコミュニケーション ……… 112, 114
一貫性のある発言 ……………………… 80
運営方針 ………………………… 54, 55, 169
笑顔 …………………………………… 186
エンパワメント ………………………… 42

か　行

改革 …………………………………… 140
会議 ……………………………… 131, 152
　──の意義 ………………………… 131
　──の種類 ………………………… 132
改善 …………………………………… 140
　──・改革を促すポイント ……… 141
　──策 ……………………………… 159
階層別の分業 …………………………… 51
学習心理学 ……………………………… 121
価値 ……………………………………… 10
課長級職員 ……………………………… 78
環境 ………………………………… 12, 13
管理責任 ………………………………… 80
聴き方のABC ………………………… 117
気づき ………………………………… 184
技能 ……………………………………… 10
基本理念 ……………… 52, 141, 144, 169
　──の実践的理解 ………………… 57
　──の浸透 ………………………… 55
教育係 ………………………………… 156
協働 …………………………………… 100
業務多忙 ……………………………… 176
業務の見直し ………………………… 187
業務分担 ……………………………… 155
経営方針 ………………………………… 55
言語コミュニケーション ………… 34, 36
　──の特徴 ………………………… 37

さ　行

研修体系 ……………………………… 157
検出の失敗 ……………………………… 94
交換日記 ……………………………… 158
心と心の触れ合い ………………… 31, 117
5W2H ………………………………… 61
コミットメント ………………………… 90
コミュニケーション …………………… 30
　──におけるポイント …………… 125
　──の難しさ ……………………… 32

さ　行

サービス原則 …………………………… 55
支援 ……………………………………… 12
　──の意味 ………………………… 14
事業計画 ………………………………… 55
自己開発 ……………………………… 182
仕事の目的 ……………………………… 60
仕事を依頼する際に盛り込むべき項目 … 116
自信 …………………………………… 174
施設長・所長 …………………………… 81
時代が求める職業人 ………………… 170
質の高い福祉サービス ………………… 81
指摘の失敗 ……………………………… 94
社会人 ……………………………… ii, 58
　──としてのマナー ……………… 66
社会福祉の仕事 ……………………… i, 2
集団規範 ………………………………… 90
集団凝集性 ……………………………… 90
集団同一視 ……………………………… 90
主任級職員 ……………………………… 76
準言語 …………………………………… 34
職員間の葛藤 …………………………… 99
職員間のコミュニケーション ……… 151
職員主導 ……………………………… 154
処遇 ……………………………………… 12
職業人 …………………………… ii, 58, 167
　──としての自覚 ………………… 69
職種（部署）別の分業 ………………… 51
職場のコミュニケーション ………… 110

195

職場の人間関係	98, 178
職場の問題	143
自立	22
自立生活	10
自立生活支援	22, 170
——のスタイル	22
人権意識	7
人財	i
人財育成	159
新任職員	66
新任職員教育	156
新任職員としての心得	71
新任職員の悩み	171
真のコミュニケーション	117
——を阻む要因	117
スクラップ・アンド・ビルド	150
ストレス	178
——の対処法	178
ストレングスの視点	43
セクション間の連携	48
専門職	182
専門性	2, 3, 9
相互理解	186
相乗効果	50
双方向の関係	21
双方向のコミュニケーション	113, 114
ソーシャルワーカーの倫理綱領	9
ソーシャルワークの価値	9
組織	49, 51
——人	ii, 58, 167
——図	51
——の一員	68
——の意味	50

た 行

対等な関係	21
多様な価値観	24
小さな改善	70, 139
チーム	86, 87
——・エラー	94
——・マネジメント	94, 98
——・メンタルモデル	90
——の成功要因	95, 98

チームワーク	86, 87, 184
——の良い職場	88
——の要素	90
——の良くない職場	89
知識	10
チャレンジング・ジョブ	182
中堅職員	72
訂正の失敗	94
取るべき責任	81

な 行

仲良しグループ	91, 94
なりたい職員像	167
ニーズ	18
人間関係	30
——の形成	104
——のとらえなおし	103
——を良くする基本的態度	101

は 行

バーンアウト	178
果たすべき責任	81
話しにくい人	123
話しやすい人	123
話を聞くときのポイント	125
話をするときのポイント	123
引き継ぎ	145
非言語	34
非言語コミュニケーション	34, 36
——の困難さ	37
——の特徴	37
ヒヤリハット	147, 148
フィルター	33
福祉現場で働く職員	5, 49
福祉サービス評価	54
福祉職員が感じるストレスの要因	179
福祉のプロ	166
部署の中核	169
振り返り	25
プロ意識	4, 185
変化の可能性	9
報告・連絡・相談（ホウレンソウ）	126
ホウレンソウの方法	129

索　引

ホウレンソウを受けるポイント……………130
ホウレンソウを行う際のポイント…………129

ま　行

まとめ役……………………………………169
ミス・コミュニケーション……………32, 111
3つの「人」…………………………………58
ムダ・ムラ・ムリ…………………………138
メンバーの育成………………………………77
申し送り……………………………………145
モラール………………………………………90
問題意識……………………………………138
問題行動………………………………………40

ら　行

リーダーシップ……………………105, 154, 158
リスクマネジメント………………………148
利用者………………………………………171
利用者支援…………………………………172
　――の焦点…………………………………14
　――の輪……………………………………91
利用者主体の支援………………………12, 16, 17
利用者とのコミュニケーション………174, 184
利用者の意思…………………………………38
　――を引き出す支援………………………41
利用者の自己選択・自己決定………………16
利用者理解……………………………44, 175
倫理……………………………………………10
ルーティンワーク…………………………172
連絡ノート……………………………145, 147

欧　文

OJT…………………………………………156
PDCAサイクル…………………………61, 62
SDCAサイクル………………………………62

《著者紹介》

津田 耕一（つだ こういち）

関西学院大学大学院社会学研究科（社会福祉学専攻）博士前期課程修了。身体障害者授産施設職員を経て，現在，関西福祉科学大学社会福祉学部教授。社会福祉士。複数の社会福祉法人の理事や評議員，各種行政委員などを兼務。

主 著
『社会福祉援助方法』（共著）有斐閣，1999年。
『施設に問われる利用者支援』久美，2001年。
『新・社会福祉援助の共通基盤（上）』（共著）中央法規出版，2004年。
『利用者支援の実践研究――福祉職員の実践力向上を目指して』久美，2008年。

福祉職員研修ハンドブック
――職場の組織力・職員の実践力の向上を目指して――

2011年4月10日　初版第1刷発行　　　　　　　〈検印省略〉
2014年7月30日　初版第2刷発行

定価はカバーに
表示しています

著　　者	津 田 耕 一
発 行 者	杉 田 啓 三
印 刷 者	江 戸 宏 介

発行所　株式会社　ミネルヴァ書房
607-8494 京都市山科区日ノ岡堤谷町1
電話代表 075-581-5191
振替口座 01020-0-8076

Ⓒ 津田耕一，2011　　　　共同印刷工業・藤沢製本
ISBN978-4-623-05832-7
Printed in Japan

援助を深める事例研究の方法　第2版
―――――――――――――― 岩間伸之 著　Ａ5判　216頁　定価2310円
●対人援助のためのケースカンファレンス　ポイント解説や事例のまとめ方を中心に内容の充実を図った新版。

ソーシャルワークの理論と方法Ⅰ
―― 岩田正美・大橋謙策・白澤政和 監修　岩間伸之・白澤政和・福山和女 編著
Ｂ5判　292頁　定価2940円
●ジェネラリストソーシャルワークの視点に基づき，総合的・包括的なソーシャルワークとは何かを分かりやすく解説。

ソーシャルワークの理論と方法Ⅱ
―― 岩田正美・大橋謙策・白澤政和 監修　岩間伸之・白澤政和・福山和女 編著
Ｂ5判　272頁　定価2730円
●ミクロからマクロまでの各レベルにおける支援の根底にある「共通の理論と方法」を踏まえ，ソーシャルワークの展開過程の中で必要となる様々な手法を分かりやすく解説。

災害福祉とは何か
―――――――― 西尾祐吾・大塚保信・古川隆司 編著　Ａ5判　272頁　定価4725円
●生活支援体制の構築に向けて　被災者中心の災害支援のあり方について，ソーシャルワークの立場から提言。

ささえあうグリーフケア
―――――――――――――― 金子絵里乃 著　Ａ5判　260頁　定価4200円
●小児がんで子どもを亡くした15人の母親のライフストーリー　当事者同士が支えあう悲嘆の緩和への営みと，それを支援するソーシャルワークのあり方について考察した1冊。

――――― ミネルヴァ書房 ―――――
http://www.minervashobo.co.jp/